Schriften des

NIKOLAUS VON KUES

in deutscher Übersetzung

Im Auftrag der
Heidelberger Akademie der Wissenschaften
herausgegeben von

ERNST HOFFMANN† · PAUL WILPERT†
und KARL BORMANN

Heft 13

NIKOLAUS VON KUES

VOM GLOBUSSPIEL

DE LUDO GLOBI

Übersetzt

und mit Einführung und Anmerkungen versehen

von

GERDA VON BREDOW

FELIX MEINER VERLAG
HAMBURG

PHILOSOPHISCHE BIBLIOTHEK BAND 233

1952 Erste Auflage
1978 Zweite, verbesserte Auflage

CIP-Kurztitelaufnahme der Deutschen Bibliothek

Nicolaus ⟨Cusanus⟩
[Sammlung]
Schriften des Nikolaus von Kues: in dt. Übers. / im Auftr. d. Heidelberger Akad. d. Wiss. hrsg. von Ernst Hoffmann ... — Hamburg: Meiner.
(Philosophische Bibliothek; ...)
H. 13. → Nicolaus ‹Cusanus›: Vom Globusspiel

Nicolaus ⟨Cusanus⟩
Vom Globusspiel / Nikolaus von Kues. Übers. u. mit Einf. u. Anm. vers. von Gerda von Bredow. — 2., verb. Aufl. — Hamburg: Meiner, 1978.
(Schriften des Nikolaus von Kues; H. 13)
(Philosophische Bibliothek; Bd. 233)
Einheitssacht.: De ludo globi ‹dt.›
ISBN 3-7873-0436-3

INHALT

Vorwort zur zweiten Auflage V
Vorwort zur ersten Auflage VI
Einführung VII

Vom Globusspiel

Erstes Buch 3
Zweites Buch 47

Anmerkungen

zum Ersten Buch 98
zum Zweiten Buch 108

Literaturnachweisung 121

Sigla 124

Verzeichnis wichtiger Begriffe und Namen

A. Lateinisch-deutsch 125
B. Deutsch-lateinisch 130

VORWORT ZUR ZWEITEN AUFLAGE

Nach mehr als einem Vierteljahrhundert erscheint nun die deutsche Übersetzung der beiden Bücher vom Globusspiel in zweiter Auflage. Die Korrekturen und Veränderungen am Text und an den Anmerkungen wurden im Einvernehmen mit dem Herausgeber und dem Verlag auf das Notwendige beschränkt. Ich hoffe, dem Leser damit gedient zu haben.

Die Paragraphennummern, wie sie für die kritische Edition der Heidelberger Akademie festgelegt sind, wurden zur Orientierung am Textrand vermerkt.

Die Einführung, deren Thema „Änigmatische Philosophie" mir seinerzeit der Herausgeber Ernst Hoffmann vorgeschlagen hatte, ist nahezu unverändert geblieben.

Der Leser möge sich von Nikolaus zu eigenem Nachdenken anregen lassen, vielleicht auch — so wie ich — zum Spielen. Wenn man sich einen Globus aus Holz machen läßt, kann man seine Erfahrungen damit machen. Die Angaben von Nikolaus sind zwar knapp, aber ausreichend. Nur ein praktischer Hinweis dazu: Der Globus sollte nicht zu groß sein; vier Zentimeter Durchmesser sind reichlich! Andernfalls würde in einem Zimmer nicht der nötige Platz für die Spielfläche sein. — Wenn Sie dabei Vergnügen finden und lachen, dann tun Sie, was Nikolaus bei der Erfindung des Spiels wollte; wenn Sie es verstehen, öffnet sich ein Weg zur Anschauung der Geheimnisse unserer Existenz.

Münster, den 27. April 1978 *Gerda von Bredow*

VORWORT ZUR ERSTEN AUFLAGE

Wenngleich diese Übersetzung der zwei Bücher vom Globusspiel nicht den Anspruch der Vollkommenheit machen darf — Nikolaus selbst würde uns belehren, daß ein solcher Anspruch dort, wo es sich nur um Annäherung an die Gleichheit mit dem Vorbild handeln kann, bloße Anmaßung wäre —, so ist sie doch aus längerer und eingehender Beschäftigung mit dem uns überlieferten Text erwachsen. Ohne ein Forschungsstipendium von der Notgemeinschaft der deutschen Wissenschaft wäre mir dies nicht möglich gewesen, und ich möchte der Notgemeinschaft auch an dieser Stelle für ihre großzügige Hilfe danken.

Für wissenschaftlichen Rat und Unterstützung in meiner Arbeit bin ich Herrn Professor E. Hoffmann und Fräulein Dr. Bohnenstädt zu besonderem Dank verpflichtet.

Münster, am 23. November 1951 *Gerda von Bredow*

EINFÜHRUNG

Gespräch über das Globusspiel, so lautet der Titel unseres Werkes. Nicht jeder würde dahinter eine Schrift von spekulativem Inhalt vermuten. Auch der Leser, der, etwa durch Hermann Hesses „Glasperlenspiel“ gemahnt, nun seine Erwartung in die Richtung eines erlesenen Symbolspieles kultureller Werte wenden würde, wäre gründlich in die Irre geleitet. Nikolaus von Cues lebt in einer anderen Welt. Nicht das Spiel als Selbstzweck ist es, worin der frei entfaltete Geist sich genügt, sondern die hohe Spekulation, die schauende Betrachtung, die an der sichtbaren Gestalt sich entzündet.

Das Spiel steht hier in einer innerlichen Beziehung zur metaphysischen Wahrheit. Wie Bild, Gleichnis und Symbol steht es im Dienste des philosophierenden Geistes. Es gehört hinein in jenen Strom der änigmatischen Philosophie, der von Platon herkommend in Verbindung mit seinem Gedankengut den metaphysischen Denkstil entscheidend bestimmt hat.

Was aber solche Methode philosophisch bedeutet, was es eigentlich heißt, vom sinnfälligen Bilde aus den höchsten Gegenstand des Denkens zu umkreisen, um ihn für das geistige Auge sichtbar zu machen, das ist mit dem bloßen Hinweis auf Platon keineswegs erklärt. Denn der geschichtlich wirkende Platon gleicht nur zum Teil dem griechischen Denker des 4. Jahrhunderts vor Christus. Er hat mancherlei Deutungen und Umdeutungen erfahren. Gleichwohl hat gerade dieser Prozeß ihm das geschichtliche Leben gesichert.

Der Einfluß des Platonismus im Mittelalter ist stärker gewesen, als man vielleicht annehmen möchte, wenn man auf die gewaltige Bedeutung des Aristoteles in der Hochscholastik sieht. Vgl. Jos. Koch: Platonismus im Mittelalter. Kölner Universitätsreden 4 (1948). Aber die Lehre von der Analogia entis, das metaphysische Kernstück des Thomismus, trägt als Entfaltung der Partizipationslehre so deutlich platonische Züge, daß man zugeben muß: die klassische aristotelische Logik ist zwar der unentbehrliche Unterbau dieser Philosophie, aber sie reicht für ihr höchstes Anliegen nicht aus. Zwar findet sich die Lehre von der Analogie gerade ausdrücklich bei Aristoteles und nicht bei Platon. Wo aber diese Analogie als Partizipation verstanden wird, da ist es Platons Anliegen, das sich hier siegreich durchsetzt.

Jedoch der Hauptstrom des mittelalterlichen Platonismus geht nicht durch die Schule, sondern neben ihr her; er bildet mehr ein Korrelat als ein Element der Scholastik im engeren Sinne. Der Gegensatz wird vollends sichtbar, wenn es um die philosophische Bedeutung von Bild, Gleichnis und Mythos geht. Denn diese widersprechen mit ihrem verhüllenden und hintergründigen Sagen der Tendenz zur scharfen, einsinnigen Definition.

Wenn Nikolaus von Cues das Bild und Symbol zum Hauptmittel des Philosophierens macht, so stellt er sich damit der Tradition der Schule entgegen. Man wird aber gut tun, diesen Gegensatz bei der Interpretation nicht zu überspannen. Denn wenngleich durch die Polemik die Verschiedenheit der Denkstile sehr deutlich in Erscheinung tritt, so geht es letztlich auch der Polemik nicht um den Denkstil, sondern um Philosophie als Erkenntnis. Und alle Philosophie hat ja ein und dasselbe Ziel: die Wahrheit des Ganzen. Die Transzendenz dieses Zieles ist es, welche das Gegeneinander der Systeme, Methoden und Sichtweisen hervorruft. Die änigmatische Philosophie aber hat es mit dieser Transzendenz als solcher zu tun.

„So wird unsere Unwissenheit nichtbegreifenderweise belehrt, wie wir von dem Höchsten so richtig und wahr als möglich, im Änigma uns mühend, etwas erspüren können." (Doct. ign. I, Kap. 12.) Man kann der änigmatischen, d. h. der in Rätseln denkenden Philosophie nur dann gerecht werden, wenn man sie aus dieser Sinnrichtung auf das transzendente Ziel hin, welches die absolute metaphysische Wahrheit ist, versteht.

Dies ist ein gemeinsamer Zug im Denken Platons wie des Cusaners. Aber die philosophische Funktion des Spieles, des Bildes und Gleichnisses ist nicht dieselbe bei beiden. Denn sie wird vom Ganzen der Metaphysik her bestimmt. Wohl ist für Platon das Urbild-Abbild-Verhältnis als ontologische Wahrheit eine Voraussetzung dafür, daß man in Bildern philosophieren kann. Aber in der Mythenerfindung wird die dichterische Kraft des menschlichen Geistes doch kräftiger in die Spekulation hinein verströmt, als die ontologische Ähnlichkeit im Sinne des Spiegels oder des Schattens zulassen dürfte.

Für Platon ist die Bilder- und Mythensprache nicht bloß ein Notbehelf, wo die reine Begrifflichkeit versagt; sie ist nicht eigentlich pädagogisches Hilfsmittel, um das Unanschauliche verständlich zu machen, oder ein vorläufiger Versuch, der in späteren Bemühungen der dialektischen Entfaltung überholt würde. Alle diese Momente mögen mitspielen und gelegentlich auch beherrschend werden. Aber sie genügen nicht, wenn man verstehen will, worum es Platon geht. Der Schwerpunkt liegt nicht im Bilde, sondern im Spiel. Darum ist es vielleicht der sprechende Ausdruck für die innere Beziehung des Cusaners zu Platon, wenn bei ihm das Spiel zur Darstellung hoher Spekulation wird.

Solches Spiel ist freilich keine Angelegenheit der Kinder, auch keine lässige Entspannung, sondern Vorrecht der höchst entwickelten Geister, derer, die erst eigentlich spielen können, weil sie im Bewußtsein der Freiheit stehen, welche das Spiel schafft und trägt. Allerdings ist diese Freiheit, die sich im Spiel kundtut, nicht Willkür der Ungebundenheit, sonst würde sich die Gestalt des Spieles, sein Rahmen und seine Regeln, auflösen. Die Regeln sind freilich nicht vorgeschrieben, sondern selbstgeschaffen und können also umgeschaffen werden. Aber der Geist offenbart sein Wesen nicht im Spiel selbst; er ist noch immer darüber hinaus. Und darum gibt er dem Spiele außer seinem immanenten Gesetz noch einen transzendenten Sinn, der nicht im Spiel selbst liegt.

Denn gerade um „Spiel" zu bleiben, muß das Spiel auf einen Ernst gerichtet sein, der außerhalb seiner liegt, und dem das Spiel dient. Freilich ist solcher Ernst nicht schwerfällig und trübe — auch Freude ist echter Ernst. Wenn aber dieser, nicht notwendig bewußte Richtpunkt verlorengeht, so verliert das Spiel seine Leichtigkeit und Freiheit; es entartet zur Arbeit des Professionals oder zur Manie des Spielers.

Um dieses transzendierenden Sinnes willen kann das Spiel der philosophischen Spekulation wesentlichen Dienst leisten. Wir sprachen von dem transzendenten Ziel aller Metaphysik, der Wahrheit des Ganzen. Je stärker der Philosoph sich der Transzendenz dieses Zieles bewußt ist, um so mehr muß er sein eigenes Denken — mag es nun dialektische oder mythische Form annehmen — als Spiel sehen. So versteht denn auch Platon die scharfsinnige Dialektik der verschiedenen Hypothesen über das „Eine" im „Parmenides" als Spiel (Parm. 137 b). Allerdings ist es kein leichtes Spiel, sondern ein „mühevolles", das später auch als Übung im Denken bezeichnet wird.

Mit solchem Namen wird der philosophischen Aussage offenbar der Charakter des Absoluten, Endgültigen abgesprochen; sie spielt eben nur im Raume des Vorläufigen. Aber gerade sofern sie Spiel ist, genügt ihr dieser Raum, sie findet dort ihren Sinn. Die verschiedenen Hypothesen, in denen der Geist seine Denkkraft nach allen Richtungen laufen läßt, haben ihren Wert je für sich und miteinander. Sie lassen die Struktur der Ideen aufleuchten; sie zeigen das Mögliche, aber keine von ihnen bezielt unmittelbar das absolute wahre Sein. Dieses steht im Hintergrund, sinngebend und relativierend zugleich. Wenig ist es, was Platon von ihm auszusagen vermag. Die Armut an Bestimmungen über das Grundprinzip des Seienden, die Idee des Guten, ist bekannt. Reichtum und Fülle des Ausdrucks erscheinen erst mit dem Mythos und dem Gleichnis.

Das aber gehört nicht mehr in die Sphäre des Absoluten, sondern des Spiels — vielleicht als Spiel des Kultus zu Ehren der Gottheit, wo auch die Dichtung den ihr gebührenden Platz findet. Dennoch hat es eine feste Beziehung zur metaphysischen Wahrheit, man darf sie nur nicht in statischer Entsprechung zwischen den einzelnen Zügen der Bilder und dem Sein des Seienden suchen. Sie ist Beziehung in der Bewegung. Gibt der Mythos nur wahrscheinliche Vermutung, so liegt darin sein Wert; als dynamisches Bild ist er der starren Begrifflichkeit, welche das Ewige in verkürzender Fassung zu bewältigen meint, überlegen. Er läßt offen, anstatt in Definition die Grenzen abzuschließen.

Aus diesem Grunde ist das Bild auch nicht in die Begriffssprache zu übertragen: es will nicht im strengen Sinne gedeutet werden. Denn was die Deutung sagt, ist immer zugleich mehr und weniger als das, was der Mythos in seiner Sprache sagt. Es geht nicht darum, in die Sprache des Philosophen zu übersetzen, was der Dichter gesagt hat. Denn der Gehalt des

Mythos ist zum Teil dem Begriff unzugänglich. Eben damit kommt er der metaphysischen Wahrheit des Ganzen nahe; in seinen Hintergründen spiegelt sich die Transzendenz.

Freilich darf man nicht behaupten, daß der Mythos dem Logos einfach unzugänglich wäre. Man kann sehr wohl aussprechen, was z. B. der Sinn des Mythos vom Wagenlenker oder des Höhlengleichnisses ist, aber man kann ihn nicht ausschöpfen. Wenn man den Gehalt mit einer Formel zu haben glaubt, tut man ihm Unrecht. Denn der Mythos will das Wesentliche im Vorläufigen zeigen. Wenn man wirklich jeden einzelnen Zug des Mythos deuten wollte, so würde man in ein hoffnungsloses Dickicht geraten — man denke an das fröhliche Geplänkel zwischen Aristophanes und Eryximachos im Symposion, wo das Spielerische mit Händen zu greifen ist.

Wenn diese Anschauung richtig ist, so müßte das Bild im Denken Platons eine Art Letztes sein, über das man nicht hinaus kann, ein Abschluß und Ausblick, der für sich selbst spricht. Aber die Bilder und Mythen stehen nicht immer am Ende der Schriften, sondern gelegentlich mehr zu Anfang; auch werden sie in einen längeren Gedankengang eingebaut, und der Faden wird fortgesponnen.

Aber wenn der Mythos wohl an beliebiger Stelle im Dialoge stehen kann, so bedeutet das nicht, daß er nicht doch Haltepunkt sein könnte, Abschluß eines begrenzten Vorwurfes, der als solcher nicht weiter befragt wird — es sei denn, wie im Symposion, mit neuen Mythen. Und die platonische Dialektik gehört ja zur gleichen Gattung wie der Mythos, nämlich zum Spiel (Vgl. Theät. 173 c).

Allerdings durchdringen sich zwei Seiten des Philosophierens, die aus verschiedener Grundhaltung kommen; nicht alles trägt für Platon den Charakter des Spieles. Denn nicht bloß die wenigen absoluten Aussagen überschreiten diesen Rahmen, auch der ethische Bereich steht zum größten Teile in der Sphäre des Ernstes. Und wo es um den Aufstieg der Seele zur Schau des wahren Seins geht, also um die Existenz des Philosophen, da klingt viel feierlicher Ernst mit. Der Mythos ist das Suchen nach möglichster Ähnlichkeit mit dem Urbilde; er ist die gestaltgewordene Sehnsucht der Seele nach dem reinen Logos. So spricht er das metaphysische Prinzip aus, die seinsmäßige Bindung an das Urbild, das Streben des Phainomenon, so zu sein wie die Idee, wenn es auch notwendigerweise dahinter zurückbleibt. Dieser Aspekt des Mythos ist für die Späteren der beherrschende geworden. Es ist nicht mehr das lebendige Umkreisen der Wahrheit, sondern ein Hindeuten, liebendes Hinweisen auf die Idee. Damit ist der Ansatzpunkt für eine Verfestigung gegeben, und so haben dann die neuplatonischen Kommentare, die nicht spielen, sondern absolut philosophieren wollen, ein gewisses Recht.

Die Haltung des Neuplatonismus ist dem Spiel abgeneigt. Hier ist das philosophierende Spielen vor dem wahren Sein der mystischen Spekulation gewichen, die nach dem Transzendenten ausgreift. So wie für Platon selbst einzig die Idee des Guten in ihrer Transzendenz offenbar ist, so hat nun die gesamte Metaphysik den Charakter des Schaubaren — mag es auch der Sinnenwelt transzendent sein. Deshalb können Bild und Mythos nicht Haltepunkt sein; sie bedürfen der Interpretation. Auch das dialektische Spiel der Gedanken wird nun absolut genommen. So kommt es zu dem berühmten Parmenides-Kommentar des Proklos mit der Metaphysik der ersten Hypothese, die für Platon nur eine unter anderen war.

Jetzt steht der Geist nicht mehr in künstlerischer Souveränität den Bildern gegenüber, sondern ist schauender Teilhaber der kosmischen und metaphysischen Ordnung. Der Philosoph steht vor dem Absoluten und macht absolute Aussagen. Philosophie ist Religion geworden. So ist für das Mythenbilden im Sinne Platons eigentlich kein Boden mehr vorhanden. Wohl stammen die spekulativen Begriffe ursprünglich von sinnlichen Bildern ab, aber der Begriff ist nicht mehr als Bild gemeint, sein bildhafter Gehalt ist negiert. Das Ziel des Denkens, nämlich die Schau des Einen, Absoluten, ist sein Richtmaß. Der Weg dorthin ist von der Strenge reiner Begriffe gezeichnet, in denen die Wahrheit des Ganzen erfaßt werden soll.

Man könnte meinen, daß die Götterwelt, die reiche Mythologie der Neuplatoniker ein sprechender Beweis gegen diese These wären. Aber gerade weil sie das ganze Gewicht des religiösen Ernstes tragen, sind sie das genaue Gegenteil des mythenbildenden Spieles. Es sind personale Verdichtungen von Ideen, die dem Philosophen verehrungswürdig sind, Substantialisierungen von kosmischen Prinzipien — nicht mehr die leichten Geschöpfe des vor der Wahrheit spielenden Geistes, welcher spielend sein Leben findet. Auch für Plotin, den reinsten Philosophen unter den Neuplatonikern, ist das Spiel unernst und bloßer Scherz (Enn. III, 8 Anfang!). So sind die Bilder und Gleichnisse nur Vorstufen der Betrachtung und besitzen keinen Eigenwert. —

Wäre allein die Haltung der Neuplatoniker maßgebend für die Tradition des Platonismus gewesen, dann wäre sein mythisch-änigmatischer Charakter wohl allmählich verlorengegangen. Aus fremder Quelle aber strömte neues Leben in das versandende Flußbett änigmatischer Philosophie: Das Christentum hat durch seine Rezeption der Antike Entfaltungsmöglichkeiten frei gemacht, welche in der Antike selbst bereits verschüttet waren. Der sogenannte Dionysios Areopagita, ein Proklosschüler, hat aus christlichem Bewußtsein das metaphysische Recht des Bildes im absoluten System des Transzendenten gewahrt. Und er hat damit nicht nur der Theologie des Bildes einen fruchtbaren Ansatz gegeben, sondern auch die gesamte Philosophie des Mittelalters beeinflußt.

Aber es zeigt sich der tiefgreifende Unterschied zwischen platonischem Mythos und christlichem Änigma; den ersteren konnten wir aus dem schaffenden Spiele des Geistes verstehen, das letztere hat Seinsgrund und Sinn in der Transzendenz selbst. Wie Paulus sagt, wird das Unsichtbare im Sichtbaren gesehen (Vgl. Röm.1, 20); so kann das Bild um seiner Transparenz willen Zeuge des Absoluten sein. Man denkt da zuerst an das Geschaffene als solches, das den Schöpfer offenbart. Aber die reine Beziehung Geschöpf — Schöpfer ist allem Endlichen gemeinsam, sie gibt nichts für die besondere Funktion eines metaphysischen Bildes her. In der Heiligen Schrift ist aber auch ausdrücklich davon die Rede, daß der Mensch zum Bilde Gottes geschaffen ist. Und die Römerbriefstelle ist ja auf die Macht und Göttlichkeit des Schöpfers, nicht bloß auf sein Dasein bezogen. Darüber hinaus aber ist das Gleichnis und das gleichnishafte Handeln von jeher ein Hauptmittel in der Verkündigung der alttestamentlichen Propheten und des ganzen Neuen Testamentes.

Dem entspricht auch die Symbolik der christlichen Kulthandlungen; hier hat das Bild seinen religiösen Platz. Wie Dionysios und seine Kommentatoren es aussprechen (De eccl. hierarch. Cap. 1, 2), bedürfen die Menschen, weil sie nicht reine Geistwesen sind, um zur Schau Gottes geführt zu werden, der Hilfe des

Sinnlichen. Die von der Kirche geweihten sinnlichen Bilder führen durch das in ihnen Dargestellte hin zu Gott.

Ihre volle metaphysische Rechtfertigung aber haben die Bilder und Symbole des christlichen Kultes von der Inkarnation und von der Einsetzung der Eucharistie her. Denn da handelt es sich um die volle Gegenwart des Geistigen im Sinnlichen ;es ist nicht bloß ein gleichnishaftes Verweisen auf ein unerreichbares Vorbild, sondern reine Gegenwart im sinnlich Wahrnehmbaren: die Wahrheit dieses Brotes ist der Leib Christi. Freilich ist dies religiöse Mysterium auch metaphysisch völliges Geheimnis. Aber von ihm aus eröffnet sich eine neue Perspektive: die Heiligung des Sinnlichen, das vollkommen in den Geist hineingenommen wird, im Dienste dieses Höheren völlig aufgeht.

Hier liegt die metaphysische Quelle für die Weltbejahung des christlichen Mittelalters. In dem Maße, wie sie verschüttet wurde, schlug die Weltfreudigkeit nach der paganistischen Seite um in den Diesseitsrausch der „Renaissance". Freilich war dieser auch meist nicht so überschwenglich seiner selbst bewußt, wie spätere, geistig arm gewordene Zeiten ihn gern sehen wollten. — Die geistesgeschichtliche Fruchtbarkeit des Christentums beruht sehr stark darauf, daß es seine Wahrheit nicht bloß im Gegensatz zu dem „Bilderdienst" der heidnischen Massen behauptete, sondern daß es deren Anliegen tiefer begreifend erfüllte, indem es nicht bloß erlaubte, den menschgewordenen Gott und seine Herrlichkeit in den Heiligen abzubilden, sondern die Verehrung dieser Bilder forderte. Die Kraft, die hinter diesem Vorgang steht, die auch das ihr Entgegenstehende umwandelte und auf seine Wahrheit zurückführte, weiß sich als schlechthin universal, „katholisch". Das Christentum tritt ja nicht als eine neue Religion auf, sondern als die wahre Religion. Darum muß es so weiträumig sein, daß nichts Wertvolles ausgeschlossen wird, und doch absolut, so daß es die ganze Mannigfaltigkeit durch die Heiligung in einer Ordnung umfaßt.

Neben solcher Absolutheitsgewißheit des Gläubigen steht aber sein Bewußtsein des „Noch nicht". Denn die Herrlichkeit ist noch verhüllt, ihre Gegenwärtigkeit nicht aller Welt offenbar, sondern Geheimnis. Seine Weltfreudigkeit ist darum wesentlich Freudigkeit der Hoffnung. Das heißt, sie besteht trotz, ja angesichts der Schranken, die der endliche Mensch nicht überspringen kann, als Glaube und Hoffnung, aber nicht als Schau der Wahrheit. Darum ist die Erkenntnis notwendig Stückwerk, wir „sehen durch einen Spiegel im Rätselbild (Änigma)", aber getragen von der alles durchleuchtenden Kraft der Liebe. Diese Stelle aus dem 1. Korintherbrief (13, 12) kann für die christliche änigmatische Philosophie als Leitwort dienen.

Für die rein philosophische Bewertung des Bildes gibt der religiöse Gesichtspunkt freilich nur einen Hinweis. Aber hier ist der seelische Grund, aus dem die Spekulation ihre Ideen schöpft. Man kann so noch keine Aussage über die Gesamtheit der Bilder und ihren metaphysischen Gehalt machen; nur ein Grenzwert, eine Potentialität ist sichtbar. Es wird möglich, die Immanenz des Ewigen zu denken, ohne deshalb seine Transzendenz zu verleugnen. Denn das sinnlich Greifbare, Konkrete, wird nicht bloß in seiner Abhängigkeit vom Ursprung her transparent; es hat von ebendaher eine immanente Bewegung auf ihn als Ziel in sich. Hier ist der aristotelische Gedanke der Teleologie mit der platonischen Lehre in eins verschmolzen. Ausfluß und Rückfluß, dies neuplatonische Begriffspaar, gewinnt aus dem christlichen Weltbewußtsein von Schöpfung, Erlösung und Heiligung sein wahres Leben.

Deificatio, Vergöttlichung, ist das große Thema der Mystik. Für die Philosophie ist hier nicht so sehr das Motiv der Einung wesentlich, das Erleben des Eingehens in den Ursprung, als vielmehr diese Potentialität selbst, in der alles Geschaffene durch sein Ziel mit dem Schöpfer verbunden ist und darum wahres Symbol sein kann.

Die Partizipation ist seit Platon Grundthema der Philosophie, das in immer neuen Variationen wiederkehrt. Auch in der Lehre von der Analogia entis ist die Teilhabe das metaphysische Kernstück. Aber Teilnehmung und Teilhabe sind ein Bild und stets neu vertiefender Schau bedürftig. Denn dieses Ganze und seine Teile verhalten sich nicht mathematisch summenhaft zueinander. Das, woran teilgenommen wird, bleibt auch der Gesamtheit der Teilnehmenden gegenüber stets das Höhere und Unausschöpfbare.

Weil aber das Sein selbst „in" allem, was da ist, sein muß, da außer dem Sein nichts ist (Vom Globusspiel II), wird die Kluft zwischen Abbild und Urbild, zwischen Teilnehmendem und Teilgebendem überbrückt, oder vielmehr sie zeigt sich als einseitiges Bild, das verdunkelt, anstatt zu erleuchten. Denn jedes Seiende trägt das Urbild als innerstes Prinzip *in sich*. Es kommt nur darauf an, hier metaphysisch durchzuschauen, das Bild in der richtigen Weise zu sehen. — So kann schon für Dionysios Areopagita der Unnennbare — Gott — auch der Allnamige sein, denn Er ist in Allem, doch nicht als Etwas in Irgendeinem (Div. Nom. 7,3). Er kann Sonne oder Stern oder Feuer oder Wasser etc. genannt werden (ebd. 1); nur läßt sich nicht alles in dem gleichen Grade von ihm behaupten oder verneinen. Was jedoch diese Allnamigkeit Gottes in bezug auf die Symbolik bedeutet, das ist von Dionysios noch nicht begrifflich klar ausgesprochen worden.

Metaphysik will absolute Wissenschaft sein. Die Wahrheit des Ganzen ist ihr Ziel. Und sie scheut nicht vor dem unmöglichen Unterfangen zurück, das Unendliche im Endlichen zu ergreifen. Sie steigt vom rational Erfaßten auf zu dem, was sich nicht mehr definieren läßt, wenn man die Begriffe in ihren scharf begrenzten Konturen festhalten will. Sie wagt, wie Nikolaus es ausdrückt, „im Nichtwissen zu wissen" und „unberührenderweise zu berühren", den Aufstieg und Überstieg in Affirmation und Negation, im „Zusammenfall der Gegensätze"! Wenn man solche Methode nur formal auffaßt, wie es wohl beim Areopagiten der Fall war, kommt philosophisch wenig dabei heraus. Das Dunkel des übergroßen Lichtes, welches vom Absoluten ausstrahlt, macht es unserer Vernunft ganz unzugänglich. Auch beim Cusaner scheint es zunächst ähnlich zu sein. Was über den Gegensätzen steht, kann nicht mehr begriffen werden. Wenn es heißt, daß jenseits der Mauer der Coincidentia oppositorum das Paradies der Schau Gottes liegt (Vom Sehen Gottes Kap. 10), so könnte das wohl im Sinne einer Mystik gedeutet werden, die den Intellectus ausschließt. Denn was soll man überhaupt noch denken, wenn selbst das Miteinander der Gegensätze wieder von der ursprünglichen Einfachheit des Absoluten ausgeschlossen wird? Wird es nicht ein unfruchtbares Spiel mit Begriffen, eine haltlose Metaphysik dessen, was sich unserem Begreifen schlechthin entzieht? Denn „zwischen dem Endlichen und dem Unendlichen besteht keine Proportion", woran auch Nikolaus festhält.

Dennoch kann man von der Immanenz des Unendlichen im Endlichen sprechen, wenn man nur die Transzendenz dabei in ihrem ursprünglichen Rechte läßt. Was der Thomismus mit dem Namen der Analogia entis ausspricht, das benennt Cusanus mit dem Prinzip der Complicatio und Explicatio, Einfaltung und Ausfaltung. Diese Begriffe, die von den „Platonici" des 12. Jahrhunderts in der Schule von Chartres geprägt wurden, ergänzen das metaphysiche Bild der Teilhabe, welches allen gemeinsam ist, nach der Seite der Immanenz hin. Aber auch das sind Bilder, die ebenso wie die Partizipation des extensiven Charakters entkleidet werden müssen. Schon hier ist das Eigentümliche des philosophischen Bildes deutlich: man gebraucht es, indem man es übersteigt. Und dieser Überstieg ist nur durch das Bild ermöglicht. Aber was so nur ein notwendiges Übel zu sein scheint, eine Belastung des reinen Gedankens, das hat Nikolaus bewußt und bejahend als philosophische Methode ausgebildet.

Man spürt bei ihm etwas von der Freude, mit der er seine Bilder und Symbole bringt, die zur metaphysischen Schau hinführen sollen, vor allem bei der Erfindung des Globusspieles, das Vergnügen und philosophischen Tiefsinn zugleich in sich schließt. Aber solches Spielen ist nicht leichtsinnig, sondern getragen von der Heiterkeit dessen, der um die Abgründe weiß.

Denn der spekulative Geist steht hier in einer ungeheuren Gefahr. Wenn wir uns in Begriffen bewegen und diese Begriffe metaphysisch transzendieren, verlieren wir fast notwendig den Halt. Es ist kein unmittelbarer Aufstieg vom schlußfolgernden Denken, der Ratio, zur geistigen Schau, der Visio, Intellectibilitas, möglich. Wie hier die gröbsten Mißverständnisse entstehen können, hat schon die Polemik des Johannes Wenck gegen die Docta ignorantia und bis heute alle in seinem Geiste geführte Kritik gezeigt. Denn wo die

Begriffe Bilder sind, führt jede Interpretation, die am Bilde hängen bleibt, notwendig in die Irre.

Jedes Bild will vom Ganzen her gesehen werden und im Ganzen. Darum ist es nicht leicht, seinen Sinn recht zu treffen. Absolute Genauigkeit kann es aber auf diesem Felde überhaupt nicht geben. Denn wie die „Regel des belehrten Nichtwissens" sagt, ist dort, wo es Grade des Mehr und Minder gibt, ein absolut Höchstes nicht zu erreichen. So ist auch der gemeinte Sinn eines Bildes nur angenähert, nicht präzis wahr — jedoch das Bestmögliche für uns. Die Transzendenz der metaphysischen Wahrheit wird nicht geleugnet. Aber so wie der christliche Glaube in der Hoffnung auf die Klarheit des ewigen Lichtes lebt, so hat auch der Philosoph im Sehen des Unbegreifbaren einen Zugang zum Unzugänglichen.

Aber das rationale Denken bleibt an der Grenze stehen, nur der schauende Intellekt bestimmt von der Grenze aus das, was hinter ihr liegt, und dazu gebraucht er die sinnlichen Bilder. Die philosophische Spekulation geschieht im Aufstieg vom Bilde aus. Wir wollen diesem Weg einmal nachgehen, so wie er in der Erörterung über die Gestalt des Globus, die Rundheit und die Ewigkeit gezeigt wird.

Die Betrachtung geht aus von dem nur mangelhaft runden Körper des Globus, der auf der einen Seite ausgehöhlt ist. Man könnte sich sehr wohl einen runderen Körper vorstellen, ja auch eine ganz runde Kugel. Hier geht die Phantasie noch willig mit und vervollständigt das Loch in der Oberfläche zum Ganzen. Aber bei strengem Nachdenken erfasse ich, daß es für eine Kugel aus sinnlichem Material, für eine konkrete Kugel, keinen absolut höchsten Grad der Rundheit geben kann. Im Bereich des körperlich Ausgedehnten kann es eine strenge Gleichheit des Abstandes von der Oberfläche zum Mittelpunkt nicht geben. Der Unterschied der verschiedenen Radien, die vom Zentrum aus zu den verschiedenen Punkten der Oberfläche gehen, schließt ihre absolute Gleichheit aus. (Die Voraussetzung gleicher Streckenlänge bei verschiedener räumlicher Richtung in der euklidischen Geometrie ist ja bereits eine Einschränkung der Forderung absoluter Gleichheit. Vgl. auch Text und Kommentar an dieser Stelle.) Logisch ausgedrückt: die partielle Identität zwischen zweien, als Gleichheit gewisser Akzidentien, besteht nur in der Abstraktion, weil jedes Akzidens nur im Verbande des Ganzen, und d. h. als Glied seine volle Bestimmtheit hat.

Die vollkommene Rundheit kann nur im Punkte sein, der unsichtbar, weil unausgedehnt ist. So kommt man vom konkreten Globus aus, beim Nachdenken über sein eigentliches Wesen, dazu, die Rundheit als unsichtbare und auch der Geometrie entrückte Gestalt mit dem Auge des Geistes zu schauen. Und diese unsichtbare Rundheit ihrerseits ist das Bild der Ewigkeit. Freilich ist das nun kein Bild, das in neuem Anlaufe überschritten werden müßte, sondern ein wahres, das mit dem Dargestellten identisch ist: Was man in der absoluten Rundheit sieht, ist dasselbe, was man in der Ewigkeit sieht, und was seit Boethius mit den Begriffen des Vollkommenen und des Ganz zugleich (tota simul, Cons. V. 6) bezeichnet worden ist.

Es ist die Eigenart unseres menschlichen Geistes, daß er der Vorstellungskraft bedarf wie eines Stockes, um über den Graben zu springen, wenn er zur unvorstellbaren Wahrheit gelangen soll. Das Philosophische ist erst auf der Stufe der Erkenntnis gegeben, die sich von der sinnlichen Schau zur übersinnlichen hin bewegt. Nikolaus liebt es, metaphysische Verhältnisse mit Worten auszudrücken, die zunächst rein sinnliche

Dinge angehen, z. B. das „In-sein“. Im 2. Buche wird dies vom Vorbild und Prinzip alles Seienden gesagt; doch sogleich kehrt das Bild sich um: zwar ist das Sein selbst in allen Dingen, aber auch alles Seiende ist in ihm. Deshalb ist es ebensowohl das Größte wie das Kleinste, da es für alles das Maß ist.

Damit werden wir an das 1. Buch der Docta ignorantia erinnert, wo der Zusammenfall von Minimum und Maximum das Absolute, Unendliche charakterisiert. Aber hier wie dort ist nicht der Zusammenfall selbst das metaphysisch Wahre, sondern das Hinausliegen über ein Mehr und Minder, der Schritt von der Potentialität zum absoluten Sein. Das zeigt sich hier als Transzendieren des größenhaft Räumlichen. Daß das Enthaltende im Enthaltenen sei, ist im Bereiche räumlicher Vorstellung unsinnig, wie Nikolaus es am Beispiel vom Menschen im Hause, der keineswegs das Haus in sich hat, drastisch erläutert. Das Größenhafte der Raumvorstellung wird hier durch die Koinzidenz überwunden, so wie im ersten Buche das Größenhafte der Kugel im Punkte verschwand.

Was in der Metaphysik vom mathematischen Symbol erhalten bleibt, ist nicht das quantitative, sondern das qualitative Moment in reiner Vollkommenheit. Dies gilt auch für die Zahlenspekulation, die in unserem Buche eine relativ bescheidene Rolle spielt, aber in De coniect. I im Vordergrunde steht. Es hat hier nicht — wie in der einfachen Rechnung — die Quantität das entscheidende Wort, sondern die Stelle in der Zahlenreihe, das will sagen: die Beziehungen zu den anderen Zahlen, als Struktur des Zahlensystems. Darum ist z. B. das Wesen des Vierers nicht die Summe von 2 + 2, d. i. von zwei gleichen Zahlen, sondern 3 + 1.

Es ist wohl möglich, die Bilder, die Nikolaus für die Metaphysik gebraucht, unter dem Gesichtspunkt der

Überwindung des Quantums anzusehen, so auch das von Dionysios angeregte, natürlich von Platon stammende Symbol der Sonne im Gespräch vom „Können-Ist“ (n. 11). Man kann von Gott sagen, daß er Sonne sei. Was an dem Bilde aufgehoben wird, ist zunächst das quantitativ Begrenzte, aber die Aufhebung geht weit über das Extensive hinaus. Alle Qualitäten des Seienden sind ja beschränkt, zusammengezogen in die Grenzen des So und Nicht-anders. Darum sind sie dem Zählen und Messen zugänglich. Aber das Seiende könnte anders und mehr und weniger so-sein, wie es ist. Die Grenze als solche weist auf die Fülle des Möglichen hin, das ausgeschlossen wird. So steht auch die sinnlich wahrnehmbare Sonne nicht im unbeschränkten Ziele ihrer Möglichkeiten, ihres Könnens. Sie kann nicht, während sie im Osten steht, in jeder beliebigen Himmelsrichtung, wo sie stehen kann, sein. Sie kann trotz ihrer Helligkeit nicht einmal ihren Tagesbogen zugleich leuchtend erfüllen. Solcher Beschränktheit gegenüber steht das Bild Christi bei seiner Wiederkunft, leuchtend „wie der Blitz vom Aufgang bis zum Niedergang“ Mt. 24, 27, das Antlitz der ewigen Sonne zeigend (Offb. 1, 16 „sicut sol in virtute sua“), die ist, was sie sein kann. So ist deutlich der religiöse Hintergrund des metaphysischen Bildes zu spüren, obwohl er von Nikolaus nicht ausdrücklich genannt wird. Erst wenn alles denkbare Anderssseinkönnen in den Begriff der Sonne hineingenommen ist, so daß er keine Beschränkung mehr hat, wenn die Potentialität im Akt vollendet ist, dann darf der Unendliche Sonne genannt werden.

Mit diesen Bestimmungen hat Nikolaus eine Antwort gegeben auf die vom Areopagiten her noch offene Frage. Und der Aufstieg zum Unendlichen vermittels der Potentialität in dieser Form ist wohl dem Cusaner eigentümlich. Es ist — wenn man so will — nichts anderes als die Ausfaltung des Gottesbegriffs „Deus est omne id quod esse potest“, Gott ist alles, was sein kann: Gott als Quelle und Erfüllung alles Seinkönnens. Mit dieser Leitidee wird die Funktion des Bildes methodisch bestimmt.

Die Aufhebung des Quantitativen ist demgegenüber sekundär. Dort tritt das mögliche Anderssein als Mehr oder Minder besonders deutlich in Erscheinung. Entscheidend aber ist die Seinsweise selbst, in welcher je nach der Fülle der Bestimmtheit Stufen unterschieden werden, von der bloßen Möglichkeit bis hinauf zur absoluten Notwendigkeit.

Das absolut Notwendige hat den Grund seines so-und-nicht-anders-Seins in sich selbst: es kann nicht nicht-sein und auch nicht anders sein als es ist. Solches Ausschließen alles bloß Möglichen kann nur aus der Fülle des schon Wirklichen kommen, d. h. das Absolute ist überhaupt nicht aus-schließend, sondern vielmehr das Mögliche um-schließend.

Die Notwendigkeit auf Grund von etwas anderem, mit der wir in der Wissenschaft zu rechnen gewohnt sind, gehört zum Bereiche des Beschränkten, Contracten. Sie schließt in ihren Begriff ein, daß auf Grund einer anderen Bedingung anderes möglich und notwendig wäre. Zur Notwendigkeit des Contracten gehört wesentlich die Möglichkeit des Andersseins, weil das contract Seiende durch sich selbst nicht voll bestimmt ist, also mögliche Bestimmung offen läßt.

Die Stufenordnung der Seinsweisen vom bloßen Werdenkönnen hin zur absoluten Notwendigkeit läßt das einzelne Seiende als teilhabendes Glied einer Reihe sehen, die alle seine Möglichkeiten umfaßt: das, was sein kann. Um zum Prinzip und zum Ewigen aufzusteigen, muß man die Potentialität ganz ausmessen,

d. h. man muß sie als solche überschreiten. Nur in diesem Überschreiten wird das Absolute für uns sichtbar. So wird der Aufstieg von immer neuen und anderen Bildern aus zum Nerv des Philosophierens. „Um das zu zeigen, müssen wir bei den endlichen Linien sehen, was in der Potenz der endlichen Linie ist" (Doct. ign. I, Kap. 13). Was die endliche Linie nur potentiell ist, das ist bei der unendlichen Linie wirklich erfüllt. So kann etwa die endliche Linie eine größere oder geringere Länge haben und gerader oder gekrümmter sein. Die unendliche Linie wird die größte und die kleinste Länge haben und gerade und krumm zugleich sein. Die Bestimmungen der aktuell unendlichen Linie sind aber damit noch nicht zu Ende geführt. Wir überschreiten die Sphäre des Mathematischen, insbesondere die des Infinitesimalen, um zu der unendlichen Identität von Punkt, Linie, Kreis und Kugel vorzustoßen, die als Prinzip Dimension und Raum aus sich entfaltet.

So kann man den Überstieg, zu dem das Bild führt, auch als Aufstieg zur Complicatio, zur Zusammenfaltung im einfachen Ursprung, verstehen, wo das, was sich am Contracten als verschiedenes Mögliche zeigt, kein Nebeneinander bildet, sondern gleichsam einbegriffen ist in geistiger Krafteinheit. Unser Geist, der die Zusammenfaltung von allem Erkennbaren als solchem in die Einheit des Begreifens ist, ist ja das Abbild jenes Seinsursprunges, der in seiner Kraft alles, sofern es ist, also auch unsern Geist, einfaltet.

Der Bildcharakter unseres Geistes rückt ihn sehr nahe an die Wahrheit des Urbildes heran. Sofern er aber nur in der Erkenntnis und nicht im Sein schöpferisch ist, sein Schaffen ein Nach-Schaffen ist (was den erkenntnistheoretischen Idealismus ausschließt), bleibt auch in seiner einfaltenden Kraft das Moment der

Nichtidentität zwischen der ausgefalteten Vielheit und der eingefalteten Einheit als Transzendenz bestehen.*)

Freilich ist diese Transzendenz des Gegenstandes der Erkenntnis trotz seiner Immanenz im erkennenden Geiste eine Folge seiner Beschränktheit. Aber sie spiegelt selbst das immanent-transzendente Verhältnis vom absoluten Ursprung zum Seienden wider; denn dieselbe Schranke, welche für den nur erkennenden Geist seinen Erkenntnisgegenstand transzendent macht, läßt für das Seiende als Beschränktes den

---

*) Es ist in diesem Zusammenhang sehr interessant, Ernst Cassirers „Philosophie der symbolischen Formen" heranzuziehen, wo der Sinn des Symbols in Gedankengängen begründet wird, welche dem Cusaner sehr nahe stehen, aber wegen Cassirers Deutung der Seinsmetaphysik im Sinne des statischen Seins allein auf die Struktur des geistigen Bewußtseins angewendet werden. Weil aber doch der Wahrheitsanspruch voll gesehen wird (I. Seite 21: „Und daß es in der Tat eine reine Aktivität des Geistes ist, die sich in der Schaffung der verschiedenen Systeme sinnlicher Symbole bekundet, das drückt sich auch darin aus, daß alle diese Symbole von Anfang an mit einem bestimmten Objektivitäts- und Wahrheitsanspruch auftreten"), kommt es im Grunde weniger auf die Antithese zur Seinsmetaphysik hinaus, als vielmehr auf die Interpretation des geistigen Bewußtseins als wahren Seinsprinzips, die Sicht des Ens als Intelligibile. Hält man diesen Gesichtspunkt fest, so ergibt sich eine ganz auffallende Übereinstimmung mit der Ontologie der Participation. Einige Zitate mögen das verdeutlichen: Ebd. S. 32: „Jede ‚einfache' Qualität des Bewußtseins hat nur insofern einen bestimmten Gehalt, als sie zugleich in durchgängiger Einheit mit anderen und in durchgängiger Sonderung gegen andere erfaßt wird. Die Funktion dieser Einheit und dieser Sonderung ist von dem Inhalte des Bewußtseins nicht ablösbar, sondern stellt eine seiner wesentlichen Bedingungen dar. Es gibt demnach kein ‚Etwas' im Bewußtsein, ohne daß damit eo ipso noch ein ‚Anderes' und eine Reihe von anderen gesetzt würde. Denn jedes einzelne Sein des Bewußtseins hat eben nur dadurch

absoluten Ursprung des Seins trotz seiner Immanenz transzendent bleiben.

Wir können hier diese verschiedenen Sichten, die sich auftun, wenn man den Sinn des Bildes in der cusanischen Philosophie nachgeht, nicht näher ausführen. Denn es ist ja schon deutlich geworden, daß damit die Metaphysik selbst zur Darstellung kommen würde. Änigmatische Philosophie ist eben keine philosophische Methode, die vom philosophischen Gehalt ablösbar wäre, sondern sie bildet mit ihm eine strenge Einheit. —

---

seine Bestimmtheit, daß in ihm zugleich das Bewußtseinsganze in irgendeiner Form mitgesetzt und repräsentiert wird." S. 41: „Weil jeder Sonderinhalt des Bewußtseins in einem Netzwerk mannigfacher Beziehungen steckt, kraft deren er, in seinem einfachen Sein und seiner Selbstdarstellung, zugleich den *Hinweis* auf andere und wieder andere Inhalte in sich schließt, kann und muß es auch bestimmte Gebilde des Bewußtseins geben, in denen diese reine Form des Hinweisens sich gleichsam sinnlich verkörpert". S. 44: „Was hier die eigentliche Kraft des Zeichens ausmacht, ist dies: daß in dem Maße, als die unmittelbaren Inhaltsbestimmungen zurücktreten, die allgemeinen Form- und Relationsmomente zu um so schärferer und reinerer Ausprägung gelangen. Das einzelne als solches wird scheinbar beschränkt" (d. h. die Aufhebung der Contractio zeigt sich als Einschränkung der nur individuellen Züge), „aber eben damit vollzieht sich um so bestimmter und kräftiger jene Leistung, die wir als Integration zum Ganzen bezeichnet haben. Daß alles Einzelne des Bewußtseins nur dadurch ‚besteht', daß es das Ganze potentiell (!!) in sich schließt und gleichsam im steten Übergang zum Ganzen begriffen ist, hat sich bereits gezeigt. Der Gebrauch des Zeichens aber befreit diese Potentialität erst zur wahrhaften Aktualität." — Auf die starke Befruchtung Cassirers durch den Cusaner hat Ernst Hoffmann hingewiesen. Wir möchten hier vor allem zeigen, wie das metaphysische Prinzip auch für die Grundstruktur im Weltbilde des neukantisch orientierten Denkers bestimmend ist und so die Einheit wahrer Philosophie bezeugt.

Gelegentlich begegnen wir dem Gleichnis bei Nikolaus auch in einem scheinbar sekundären, didaktischen Sinn; dann wird ein zuvor entwickelter Gedankengang mit Hilfe eines Gleichnisses erläutert, so z. B. am Ende des zweiten Buches vom Globus das Gleichnis vom Münzherrn und Wechsler. Hier gibt das Bild zunächst eine Probe für die aufgefaßte Erkenntnis. Aber weil das Bild, philosophisch angesehen, die Wahrheit zeigt, kann man im Ausspinnen von Gleichnissen die metaphysische Erkenntnis vorantreiben; so erwächst aus dem Versuch des Schülers noch einmal ein neuer Aufstieg, dessen reicher Gehalt sich nur in langer Meditation erschließen kann.

Änigmatische Philosophie heißt: Aufstieg zur metaphysischen Wahrheit durch das Bild. Aber das Bild selbst ist nicht das geistig Schaubare, es ist nur der Stock, der dem Geiste beim Sprunge über den Graben hilft. Doch — um im Bilde zu bleiben — der Geist kann dort nicht feststehen, das jenseitige Land ist für ihn nicht eigentlich betretbar, sondern nur im steten Daraufzu unberührenderweise zu berühren. Die Transzendenz des Absoluten wird durch das Symbol niemals aufgehoben. So gesehen sind alle Bilder Grenzen, aber von ihnen aus ist es möglich, im Absoluten etwas geistig zu schauen, die absolute Notwendigkeit zu berühren, ohne sie voll zu begreifen.

In diesem Zusammenhang gewinnt auch das Spielen mit dem Globus als Darstellung einer hohen Spekulation philosophische Bedeutung. Und so rückt der Cusaner näher an Platon heran als wohl alle mittelalterlichen Platoniker. Denn die Philosophie ist ein Spiel mit dem Globus; mit immer neuen Würfen in unzähligen Wendungen und Spiralen ein Sich-hinbewegen zur Wahrheit, die präzis nicht erreicht wird. Aber es geschieht mit dem Wissen, daß jeder Weg als individueller seinen Wert hat, weil er auf *seine* Weise dem Ziel verbunden, auf das Ziel hingeordnet ist.

Aus solchem Wissen entspringt auch der Humor, der dem fröhlichen Gelächter, dem Vergnügen an den scheinbar zufälligen Absonderlichkeiten sein Recht gibt, weil das Spiel kein Zeitvertreib, sondern „anständiges Spiel" ist, in dem die Wahrheit verhüllt — aenigmatice — anwesend ist.

Stehen wir vielleicht wieder bei dem Spiel Platons, dem mythenschaffenden und dialektisch mühevollen Spielen des Geistes vor der Wahrheit? Das Problem der Teilhabe, der Verknüpfung von Idee und Phainomenon, ist das große Thema der platonischen Versuche. Aber die griechische Verehrung des „Peras", dessen, was in fester Gestalt umgrenzt ist, ließ sie nicht zum Ende im Unendlichen kommen. Die änigmatische Philosophie beruht auf der Konzeption des vollendet Unendlichen. Darum kann sie es wagen, über dem Abgrund zu schweben, welcher sich dem endlichen Blick zwischen dem Contracten und dem absoluten Ursprung zeigt. Sie hat die Kühnheit, in stets neuem Anlauf hin zum Unendlichen sich zu strecken, weil ja alles Endliche des Unendlichen schon immer teilhaft ist in der Weise der Immanenz des Transzendenten.

Dieser Fortschritt hat seinen Grund in der großen weltanschaulichen Akzentverschiebung im Begriff des Unendlichen, der ein Aufstieg war vom endlos Unbestimmten zum Vollbestimmenden ohne Grenze. Aber das ist nur der Ausdruck der veränderten existentiellen Grundhaltung. Das Sehen des Unsichtbaren im Sichtbaren bleibt ja immer noch ein vorläufiges, unserm geistigen Vermögen entsprechendes, nicht aber ein Sehen der absoluten Wahrheit. In dieser Weise sehen wir auch die Ewigkeit von der Zeit aus, als Urgrund der Zeit, — aber im Bilde der zeitlichen Dauer; denn rein an sich ist das, was „ganz zugleich" ist, ja nicht zu begreifen.

Was sich so philosophisch im unberührenden Berühren durch das Durch-schauen der Bilder im wissenden Nichtwissen vollzieht, ist nur die intellektuelle Seite der Grunderfahrung des Menschen, der seiner Gotteskindschaft bewußt ist, d. i. des Hoffenden. Es ist echte Hoffnung, denn sie stützt sich nicht auf Erwartungen und Berechnungen, sondern auf das Transzendente, das aller Erwartung ihr letztes Ziel gibt. Darum gibt sie Sicherheit, weil der Hoffende als solcher schon teilhat an dem, was er erhofft. Dies ist die Quelle des paulinischen „Nichthaben und doch alles Haben", ebenso wie der fröhlichen Entsagung der Mystiker. Denn in solchem transzendierenden Vertrauen sind nicht die Leere oder die Armut als solche oder die Dunkelheit des Nichtwissens das Ziel, sondern die Fülle und das Licht des Ursprunges, der sich kundgibt im „Gegenwärtigen" wie im „Entfernten", im Sichtbaren und im Verborgenen. Und die Schau solcher Gegenwart ist es, welche das Sichtbare als Bild zugleich relativiert und rechtfertigt.

VOM GLOBUSSPIEL

1 ## *ERSTES BUCH* Ed. Par. I fol. 152r

Unterredner: Nikolaus, Kardinal des Titels von Sankt Peter in Ketten, und Johannes, Herzog von Bayern[1].

Johannes: Da ich sehe, daß du — wahrscheinlich müde vom Globusspiel — dich (hierher) auf den Sessel zurückgezogen hast, möchte ich mit dir, wenn es dir lieb ist, über dies Spiel sprechen.

Kardinal: Sehr gern.

Johannes: Wir alle bewundern dieses neue und vergnügliche Spiel, vielleicht weil eine hohe Spekulation in ihm dargestellt ist. Erkläre sie uns bitte.

2 *Kardinal:* Ihr vermutet nicht schlecht. Einige Wissenschaften haben ja ihre Instrumente und Spiele, so die Arithmetik die Rithmatie[2] und die Musik das Monochord[3]. Auch das Schachspiel entbehrt nicht eines Geheimnisses der Moral. Ich glaube, daß kein anständiges Spiel ganz ohne Lehrgehalt ist[4]. Und diese so vergnügliche Übung mit dem Globus stellt uns, meine ich, eine nicht geringe Philosophie dar.

Johannes: Bitte, sage uns etwas darüber!

Kardinal: Ich fürchte, mich in eine Arbeit einzulassen, die, wie ich sehe, sehr groß ist und die vorher eine lange Meditation zur Läuterung erfordert.

Johannes: Wir bitten dich ja nicht, bei allem in die Tiefe zu dringen, sondern mit wenigem wirst du uns zufriedenstellen.

3 *Kardinal:* Die Jugend ist zwar begierig und feurig, 152v sie wird jedoch schnell satt. — Ich will es also tun und in euren edlen Geist einige Samenkörner[5] der Wissenschaften säen. Wenn ihr sie wohl in euch aufnehmen und bewahren möchtet, werden sie als Frucht des Lichtes eine klare Unterscheidung für die so sehr erwünschte Selbsterkenntnis hervorbringen.

Zuerst sollt ihr also aufmerksam den Globus und seine Bewegung betrachten, weil sie aus der Vernunft hervorgehen. Kein Tier nämlich bringt einen Globus und seine zielstrebige Bewegung zustande. Ihr seht also, daß diese Werke des Menschen aus einer Kraft getan werden, welche den übrigen Lebewesen dieser Welt überlegen ist.

Johannes: Wir wissen, daß es ganz so ist, wie du sagst.

Kardinal: Warum aber der Globus durch die Kunst 4
des Drechslers jene in etwa konkave Halbkugelgestalt bekam, wird euch wohl nicht unbekannt sein. Er würde ja nicht diese Bewegung machen, die ihr seht: schnekkenförmig oder spiralig oder in einer Kurve gedreht, wenn er nicht solch eine Gestalt hätte. Denn der Teil des Globus, der vollkommener Kreis ist, würde in einer Geraden bewegt werden, wenn nicht der schwerere und körperhafte Teil jene Bewegung verlangsamen und auf sich als Mitte zurückziehen würde. Auf Grund solcher Verschiedenartigkeit ist die Gestalt einer Bewegung angepaßt, die weder ganz gerade noch auch ganz gekrümmt ist wie die Kreislinie, welche vom Mittelpunkte gleichmäßigen Abstand hat.

Achtet darum zuerst auf die Ursache der Gestalt des Globus. Ihr seht an ihm[6] die konvexe Oberfläche einer größeren Kugelhälfte und die konkave Oberfläche einer kleineren Kugelhälfte, und zwischen beiden ist der Körper des Globus enthalten. Ihr seht auch, daß der Globus auf unendlich viele Weisen, je nach dem verschiedenen Verhältnis der genannten Oberflächen, verändert werden und immer wieder eine andere Bewegung annehmen kann.

Johannes: Das fassen wir wohl. Wir wissen nämlich: wenn ein Armreif ein Kreis ohne jede Breite an der Kreislinie sein könnte und auf einer gleichmäßig ebenen Oberfläche rollte, z. B. auf Eis, dann würde er nur eine gerade Linie beschreiben. Da wir nun diesen

Globusreifen mit Körperlichkeit behaftet sehen, wird also keine gerade, sondern eine gekrümmte Linie beschrieben, mit je verschiedener Krümmung gemäß dem jeweils verschiedenen Globus.

5 *Kardinal:* Richtig. Man muß aber auch betrachten, wie die von der Bewegung eines und desselben Globus beschriebenen Bahnen verschieden sind, und daß niemals wieder dieselbe Linie beschrieben wird, mag nun der Selbe oder ein Anderer ihn anstoßen, weil der Globus ja immer in verschiedener Weise gestoßen wird. Die im stärkeren Antrieb beschriebene Linie sieht gerader aus und die einem schwächeren Antrieb entsprechende mehr gekrümmt. Daher sind auch im Anfange der Bewegung, wenn der Antrieb noch frischer ist, die Linien der Bewegung gerader, als wenn sie nachläßt. Denn der Globus wird nur zu geradliniger Bewegung angetrieben. Daher wird beim stärkeren Antrieb der Globus mehr wider seine Natur vergewaltigt, so daß er, soweit möglich, sich sogar wider die Natur geradlinig bewegt. Auch beim schwächeren Anstoß wird er zur Bewegung vergewaltigt, aber die (ihm) natürliche Bewegung tut ihm weniger Gewalt an[7]. Denn diese Bewegung folgt ja der natürlichen Eignung seiner Form[8].

Johannes: Daß es so ist, erfahren wir ganz klar. Denn niemals bewegt sich der Globus beim einen Mal so wie beim andern. Das muß also von dem jeweils verschiedenen Antrieb oder vom verschiedenen Medium[9] herrühren.

6 *Kardinal:* Wenn Einer den Globus wirft, hält er ihn das eine Mal nicht ebenso in der Hand wie das andere Mal, so wenig er ihn ebenso absendet, auf die Ebene setzt oder mit der gleichen Kraft stößt. Denn es ist nicht möglich, daß etwas zweimal in der gleichen Weise geschieht. Es schließt nämlich einen Widerspruch

ein, daß zweie seien, die in allen Stücken gleich wären ohne jeden Unterschied[10]. Wie könnten mehrere denn mehrere sein ohne Unterschied? Und wenn der Erfahrene auch immer bemüht ist, sich in derselben Weise zu verhalten, so ist es darum doch im genauen Sinne nicht möglich, obzwar man nicht immer den Unterschied sieht.

Johannes: Es gibt vieles, was Verschiedenartigkeit herbeiführt: die Ungleichmäßigkeit des Bodens, das Dazwischengeraten von Steinchen, die den Lauf behindern und oft stoppen, auch Schmutz am Globus oder ein Spältchen, das er bekommt, und vieles derartige[11].

Kardinal: Dies alles zu erwägen ist notwendig, da- 7
mit wir von solchen Dingen aus zu der philosophischen Spekulation gelangen, die wir uns zu erjagen vorgenommen haben. — Denn bisweilen hört die Bewegung auf, wenn der Globus plötzlich auf seine ebene Oberfläche fällt[12]; sie wird behindert durch die Verschiedenartigkeit im Stoff des Globus und der Umgebung[13]. Und sie hört natürlicherweise auf, wenn auf dem Pole, der Mitte der gekrümmten Oberfläche, allmählich sich die Bewegung im Globus verringert[12]. Dies und vieles andere ist meiner Meinung nach gründlich zu beachten wegen der Ähnlichkeit von Kunst und Natur. Denn weil die Kunst die Natur nachahmt, können wir von dem aus, was wir bei der Kunst in feiner Analyse herausgefunden haben, hingelangen zu den Kräften der Natur.

153r *Johannes:* Was willst du mit Verschiedenartigkeit der Umgebung sagen?

Kardinal: Die Veränderung des Himmels, der Sterne, der Luft und der Jahreszeit. Diese alle ändern, wenn sie sich selbst verändern, auch das, was sie umgeben und zusammenhalten.

8 *Johannes:* Du sagtest, daß der Globus eine Halbkugeloberfläche habe. Könnte er nicht auch eine kleinere oder größere Rundheit haben oder gar die einer unversehrten Kugel?

Kardinal: Ich leugne nicht, daß der Globus eine größere oder kleinere Oberfläche oder auch die einer unversehrten Kugel haben kann, sofern wir bloß von der sichtbaren Gestalt oder Rundheit sprechen, die keineswegs wahr oder vollkommen ist. Denn die Rundheit, die nicht noch runder sein kann, ist keinesfalls sichtbar. Da nämlich die Oberfläche in allen Richtungen vom Mittelpunkt der Kugel gleichen Abstand hat und der äußerste Grad des Runden[15] im unteilbaren Punkte begrenzt ist, bleibt er für unsere Augen gänzlich unsichtbar. Denn wir sehen nur Teilbares und Quantum.

9 *Johannes:* Also ist die äußerste kugelige Rundheit der Welt, welche ich für ganz vollkommen halte, keineswegs sichtbar.

Kardinal: Keinesfalls. So ist die Rundheit der Welt ja auch nicht teilbar, weil sie im Punkte besteht, der unteilbar ist und nicht vervielfältigt werden kann. Denn die Rundheit kann nicht aus Punkten zusammengesetzt werden[16]. Der Punkt nämlich, der ja unteilbar ist und weder Quantität noch Teile hat, auch kein Vorn und Hinten und andere Unterschiede, ist mit keinem anderen Punkte zusammensetzbar. Aus Punkten wird also nichts zusammengesetzt. Denn wenn man einen Punkt zu einem Punkte hinzufügt, so ergibt sich dasselbe, wie wenn du nichts mit nichts verbindest. Das Äußerste der Welt ist also nicht aus Punkten zusammengesetzt, sondern ihr Äußerstes ist Rundheit, die im Punkte besteht[17].

Denn da es nur *eine* Höhe der Rundheit gibt, die überall gleich weit vom Mittelpunkt entfernt ist, und mehrere Linien ja nicht genau gleich sein können, so wird es nur eine Höhe der Rundheit des gleichen Abstandes geben, die im Punkte eingegrenzt ist.

Johannes: Wunderbare Dinge sagst du! Denn ich 10
verstehe: alle diese verschiedenartigen, sichtbaren Formen sind in der Welt eingeschlossen, und trotzdem, wenn es möglich sein würde, daß jemand außerhalb der Welt stünde, würde für ihn die Welt unsichtbar sein gleichwie der unteilbare Punkt.

Kardinal: Du hast es sehr gut erfaßt. Und so begreifst du: die Welt, neben der es größere Quantität nicht gibt, ist zusammengehalten im Punkt, neben dem es nichts Kleineres gibt, und ihr Mittelpunkt und ihr Umfang können nicht gesehen werden. Auch (begreifst du), daß es nicht viele untereinander verschiedene Punkte gibt, weil der Punkt nicht vervielfältigt werden kann. Denn in vielen Atomen[18] ist nur ein und derselbe Punkt, so wie in vielen weißen Dingen nur eine Weiß-heit.

Daher ist die Linie die Entwicklung des Punktes[19]. Entwickeln aber ist das Entfalten des Punktes selbst, was nichts anderes ist, als daß der Punkt in den vielen Atomen so ist, daß er in den einzelnen ist, wie sie in stetiger Reihe miteinander verbunden sind.

Johannes: Ist so nicht auch das Äußerste des Win- 11
kels, da es ja Punkt ist, unsichtbar?

Kardinal: Jawohl. Aber wenn der Winkel außer diesem seinem Äußersten nichts wäre, so wie die Rundheit das Äußerste des Runden ist, dann würde sicher der ganze Winkel nicht sichtbar sein.

Johannes: Ich sehe ein[20]: es ist so, wie du sagst. Es kann also weder das Oberste noch das Unterste des Runden gesehen werden, weil es ja dasselbe Atom ist. Was immer aber in der Kugel oder im Runden ist, ist Oberstes und Unterstes (zugleich). Deshalb kann weder die Rundheit noch irgendeiner ihrer Teile gesehen werden. — Trotzdem behaupte ich nicht, daß ein rundes Ding nicht gesehen werden könne; aber die Rundheit selbst des Dinges, die ist unsichtbar. Und gemäß der wahren Rundheit ist überhaupt nichts sichtbar. Wenn daher der Gesichtssinn urteilt, irgend etwas sei rund, dann ist in ihm doch nicht die wahre Rundheit.

Das scheinst du mir sagen zu wollen[21], daß nämlich das Urteil des Gesichtssinnes über das Runde nicht wahr ist.

Kardinal: Dies will ich sagen. Denn nichts wird gesehen, außer in der Materie. Die wahre Rundheit kann aber nicht in der Materie sein, sondern nur ein Abbild der Wahrheit.

12 *Johannes:* So ist in der Materie keine Form wahr, sondern nur das Bild der Wahrheit der wahren Form, weil die Wahrheit der Form von aller Materie getrennt ist.

Kardinal: Obgleich du — platonisch gesprochen — Wahres sagst, macht es doch etwas aus, ob in Beziehung auf die Rundheit oder auf irgendeine andere Form. Denn auch wenn es möglich sein würde, daß die Rundheit in der Materie wäre, würde sie trotzdem nicht sichtbar sein. Anders wäre es bei den übrigen Formen, wenn sie in der Materie wären, da sie ja gesehen werden könnten, jedoch nicht die Rundheit, und auch das ihr gemäße runde Ding würde nicht gesehen werden. Denn allein das Lange und Breite kann gesehen werden. Aber in der Rundheit[22] ist nichts |Langes oder Breites oder Gerades, sondern eine ge- *153v* wisse Ringsumführung und eine gewisse Wölbung, die ringsum von Punkt zu Punkt geführt wird. Ihr Höchstes ist überall. Und sie ist Atom, das seiner Kleinheit wegen unsichtbar ist[23].

13 *Johannes:* Sind nicht mehrere Atome auch mehrere Höchste an Rundheit? Und können sie nicht eine

gewisse konvexe Linie bilden, die gesehen werden kann, und wird so nicht doch ein gewisser Teil der Rundheit gesehen?

Kardinal: Das kann nicht sein, weil, was auch immer in der Rundheit ist, Höchstes ist. Da das Atom aber die Höchstheit[24] der Rundheit ist, wo sollte nun das Auge den Anfang für das Sehen der Rundheit nehmen? Vom Atom nicht, denn es ist unsichtbar. Das Auge könnte von keinem anderen als vom Höchsten der Rundheit den Anfang bekommen, die Rundheit zu sehen, denn was immer in der Rundheit ist, ist Höchstes. Das Höchste aber ist Atom. Würde nicht der Blick, gesetzt, daß er vom Höchsten der Rundheit anfangen würde, vom Höchsten zum Höchsten geführt werden müssen?

Johannes: Es ist sicher, daß das geschehen muß, weil nichts in ihr ist außer dem Höchsten.

Kardinal: Das Höchste aber ist Atom, das ja unsichtbar ist. Es ergibt sich also, daß Mercurius[25] richtig gesagt hat, daß die Welt von sich aus nicht sichtbar ist, weil sie rund ist, und daß man von ihr oder in ihr nichts sieht außer den Formen der Dinge, die in ihr enthalten sind.

Johannes: Weil die Rundheit der Welt in der Ma- 14
terie ist und es also wegen ihrer Verbundenheit mit der Materie ein Abbild der Rundheit gibt, warum kann dann dieses Bild der Rundheit in der Materie nicht gesehen werden?

Kardinal: Jenes Bild der Rundheit nähert sich so sehr der wahren Rundheit[26], daß es dem Gesicht und jedem Sinn überhaupt entgeht.

Johannes: Also sehen wir die Welt nicht, außer insofern wir sie Teil um Teil, d. h. durch die Formen der Dinge sehen. Würden diese weggenommen, so würden wir weder die Welt noch ihre Form sehen.

Kardinal: Gut sagst du das! Denn die Form der Welt ist unsichtbare Rundheit. Wenn also die sichtbaren Formen weggenommen werden, so bleibt ein einziges Antlitz im ganzen Weltkreis, nämlich die Möglichkeit zum Sein oder die unsichtbare Materie[27], in welcher, wie es heißt, die Gesamtheit der Dinge ist. Und das kann man ganz gut philosophisch zugeben, daß um der Vollkommenheit willen dort die Rundheit sei.

Johannes: Das übersteigt meinen Begriff. Obzwar ich im Geiste sehe, daß du wahre Dinge sagst, so wundere ich mich doch, daß in der Welt nicht die wahre Rundheit ist, sondern nur das Abbild der Rundheit, das der Wahrheit nahe ist.

Kardinal: Wundere dich nicht! Denn weil *ein* rundes Ding in seiner Rundheit vollkommener ist als das andere, so wird niemals das Runde gefunden, das die Rundheit selbst wäre, im Vergleich zu dem es nichts Runderes geben könnte. Und diese Regel ist allgemein wahr[28], weil man ja bei allem, das größer wird oder ein Mehr und Minder annimmt, nicht zum Größten oder Kleinsten schlechthin gelangt, im Vergleich zu dem nichts größer bzw. kleiner sein kann.

Denn das größer-oder-kleiner-sein-Können ist nicht von der Natur dessen, was nicht größer oder mehr und minder sein kann, — so wie das Veränderliche nicht von der Natur des Unveränderlichen und das Teilbare nicht von der Natur des Unteilbaren und das Sichtbare nicht von der Natur des Unsichtbaren und das Zeitliche nicht von der Natur des Nichtzeitlichen, das Körperliche nicht von der Natur des Unkörperlichen ist u. ä. Die Rundheit nun, die mit dem Blicke berührt wird, nimmt ein Mehr und Minder an, da ja *ein* rundes Ding runder ist als das andere. Die unsichtbare Rundheit ist jedoch nicht von dieser Natur. Es kann also kein

Körper an ihr wie an der sichtbaren teilhaben. Daher kann kein Körper so rund sein, daß er nicht noch runder sein könnte.

Obzwar nun die körperliche Welt rund ist, so ist dennoch ihre Rundheit von anderer Natur als die Rundheit irgendeines anderen runden Körpers. Da aber nicht jeder Körper sichtbar ist — er braucht eine gewisse Größe, um gesehen zu werden —, so ist auch die Rundheit des Atoms nicht sichtbar, wenn man das Atom nicht sieht. Die Welt ist also in ihrer Rundheit unsichtbar, weil das, was sich von der Rundheit der Welt dem Blick darbietet, Atom ist.

Johannes: Das hast du klar erklärt und in wenigen 16
Sätzen viele Gedanken dargelegt. Aber wissen möchte
ich noch, wie du es verstehst, daß die Rundheit der
vollkommenen Welt ein Abbild ist, das offenbar immer noch vollkommener sein kann[29].

Kardinal: Ich weiß, daß die Rundheit des einen
runden Dinges runder ist als die des anderen und daß
man daher bei den runden Dingen zum Runden mit der
größten Rundheit gelangen muß, neben der es keine
154r größere gibt[30], weil man ja nicht|ins Unendliche fortschreiten kann. Und das ist die Rundheit der Welt, durch deren Teilhabe jedes Runde rund ist. Es ist die teilnehmbare Rundheit in allen runden Dingen dieser Welt, die das Bild der Rundheit der Welt an sich tragen. Die Rundheit der Welt aber, obzwar sie die größte ist, neben der keine größere Rundheit wirklich ist, ist trotzdem nicht die absolute wahrste Rundheit selbst. Sie ist darum ein Abbild der absoluten Rundheit[31]. Denn die runde Welt ist nicht die Rundheit selbst, neben der keine größer sein kann[32], sondern neben der keine größere wirklich ist.

Die absolute Rundheit ist aber nicht von der Natur der Rundheit der Welt, sondern deren Ursache und

Vorbild, welches ich Ewigkeit nenne, von dem die Rundheit der Welt das Abbild ist. — Im Kreis nämlich, wo es weder Anfang noch Ende gibt, weil kein Punkt in ihm ist, welcher mehr Anfang als Ende wäre, sehe ich das Abbild der Ewigkeit[33]. Darum sage ich nun auch, daß die Rundheit das Abbild der Ewigkeit sei, weil beide dasselbe sind.

17 *Johannes:* Das gefällt mir. Aber ich frage nun: Kann nicht die Welt so, wie sie „rund" genannt wird, auch „ewig" genannt werden? Es sieht nämlich so aus, als ob, da die Ewigkeit und jene absolute Rundheit dasselbe sind, so auch das Ewige dasselbe sei wie das Runde.

Kardinal: Ich glaube nicht, daß ein Verständiger leugnet, daß die Welt ewig sei, wenn sie auch nicht die Ewigkeit selbst ist[34]. Denn allein der Schöpfer aller Dinge ist in der Weise ewig, daß er die Ewigkeit ist. Wenn irgend etwas anderes „ewig" heißt, so hat es diesen Namen nicht, weil es die Ewigkeit selbst ist, sondern weil es durch Teilhabe an ihr oder von ihr her ist.

Denn die Ewigkeit geht allem Ewigen voraus, wenn es nicht das Ewige ist, das mit der Ewigkeit identisch ist. Die Ewigkeit der Welt ist also, da sie Ewigkeit der Welt ist, auch vor der ewigen Welt. Von ihr her hat diese es ja, daß sie ewig ist, so wie das Weiße von der Weißheit, daß es weiß ist. Da also die Ewigkeit der Welt das hat, was absolute Ewigkeit ist, hat sie die „ewige Welt" erbaut, d. h. die nie ein Ende nehmen könnende oder immer dauernde Welt, welche ewig genannt wird. Denn niemals ist es wahr gewesen, zu behaupten[35]: die Ewigkeit ist, ohne daß es auch wahr gewesen ist, zu sagen: die Welt ist — wenn auch die Welt von ihr (der Ewigkeit) her das ist, was sie ist.

Johannes: Wenn ich recht verstehe, so kann es nur 18
die eine Welt geben, die im höchsten Grade rund und ewig ist.

Kardinal: Gut hast du's erfaßt! Denn weil es notwendig ist, bei den runden Dingen zum wirklichen Maximum zu kommen — so wie bei den warmen Dingen zum Feuer, das am meisten warm ist —, wird es also nur die eine Welt geben. Und diese hat so viel an Rundheit, daß sie am meisten an jene ewige Rundheit heranreicht; und deshalb ist sie auch unsichtbar und kann auch darum „ewig" genannt werden, wie ja der Apostel Paulus sagt: Was nicht gesehen wird, ist ewig[36].

Nicht, daß sie darum ewig hieße, weil sie ohne Anfang wäre, sondern weil es niemals wahr war, zu behaupten: Ewigkeit ist, da es nicht auch wahr war, zu behaupten: die Welt ist. Denn die Welt hat nicht in der Zeit angefangen. Denn nicht die Zeit ist der Welt vorausgegangen, sondern allein die Ewigkeit. So wird auch die Zeit gelegentlich ewig genannt — wie der Prophet[37] von der „ewigen Zeit" spricht, weil die Zeit keinen Anfang in der Zeit gehabt hat. Denn nicht die Zeit ist der Zeit vorausgegangen, sondern allein die Ewigkeit. Die Zeit wird also ewig genannt, weil sie aus der Ewigkeit fließt, ebenso die Welt ewig, weil sie von der Ewigkeit und nicht von der Zeit her ist. Aber der Welt kommt der Name, daß sie ewig heißt, mehr zu als der Zeit, weil die Dauer der Welt nicht von der Zeit abhängt. Wenn nämlich die Bewegung des Himmels und die Zeit aufhört, die das Maß der Bewegung ist, so hört doch die Welt nicht auf zu sein. Wenn es aber mit der Welt aus wäre, dann würde es auch mit der Zeit aus sein. So kommt es also der Welt mehr zu, ewig zu heißen, als der Zeit.

Die Ewigkeit also, die Schöpferin der Welt, ist Gott, 19
der alles gemacht hat, so wie er es wollte[38]. Die Welt

ist nämlich nicht so vollkommen geschaffen, daß Gott bei ihrer Erschaffung alles gemacht hätte, was er machen konnte, obwohl die Welt so vollkommen gemacht ist, wie sie werden konnte. Darum konnte Gott eine vollkommenere und rundere Welt und auch eine unvollkommenere und weniger runde machen, obgleich die Welt so vollkommen gemacht ist, wie sie sein konnte. Es ist nämlich das gemacht worden, was werden konnte[39], und auch sein Werdenkönnen ist gemacht worden. Aber das Werdenkönnen dessen, was gemacht worden ist, ist nicht das absolute Machenkönnen selbst des allmächtigen Gottes. Wenn auch in Gott das Gemachtwerdenkönnen und das Machenkönnen identisch sind, so ist doch das Werdenkönnen von jedem Beliebigen nicht dasselbe wie das Machenkönnen Gottes.

Daraus sieht man, daß Gott die Welt so, wie|er ge- *154v*
wollt hat, geschaffen hat. Deshalb ist sie sehr vollkommen, weil sie nach dem freiesten Willen des gütigsten Gottes gemacht ist[40]. — Weil das aber, ausführlicher beschrieben, an anderer Stelle nachgelesen werden[41] kann, mag es für jetzt davon genug sein.

Johannes: So kehre denn zurück zu unserm Spiele und füge noch etwas über die Bewegung des Globus hinzu.

Kardinal: Viel bleibt zu sagen übrig, wenn ich vortragen wollte, was sich hier darbietet. Als erstes bemerke ich hinsichtlich der Bewegung des Globus[42]: Wenn ich vom Punkte a aus, wo man steht, den Globus zum Mittelpunktzeichen des bezeichneten Kreises werfe, so kann das nicht in gerader Linie geschehen. Punkt a sei der Standort, b—d der Kreis, dessen Mittelpunkt c und e der Globus. Will ich nun von a nach c werfen, so geschieht dies notwendig in der Bewegungslinie des Globus, die niemals gerade ist, welche Gestalt der Globus auch haben mag.

Johannes: Es scheint, daß, wenn er kugelförmig wäre, die Bewegung in gerader Linie erfolgen könnte, etwa auf der Linie a—c. Ich sehe nämlich nicht, wieso eine Kugel nicht über a—c bewegt werden könnte und dann in c ruhen.

Kardinal: Du wirst leicht begreifen, daß du dich 21
irrst, wenn du beachtest, wie die eine Linie gerader ist als die andere, und daß man darum — nach dem oben angegebenen Lehrsatz — keinesfalls zur ganz wahrhaft genauen Geraden gelangen kann. Darum ist es sogar auch nicht möglich, daß die vollkommenste Kugel auf einer genauen Geraden von a nach c gelangt, gesetzt der Boden sei in vollkommener Weise eben und der Globus sei der rundeste. Denn ein solcher Globus würde die Ebene nur in einem Atome berühren. Aus der Bewegung (ex motu) würde er nur eine unsichtbare Linie beschreiben und keinesfalls die geradeste, die zwischen die Punkte a und c fällt.

Er würde auch niemals in c ruhen. Wie sollte er nämlich auf dem Atome ruhen? Der vollkommen runde Globus also wird, da sein Höchstes auch sein Niederstes ist und Atom ist,nachdem er angefangen hat, sich zu bewegen — soviel an ihm liegt — niemals aufhören, da er sich ja nicht in verschiedener Weise verhalten kann. Denn das, was sich bewegt, würde nicht irgendwann einmal damit aufhören, wenn es sich nicht zu einer und anderer Zeit verschieden verhielte. Daher würde eine Kugel, die sich auf einer ebenen und gleichmäßigen Oberfläche immer gleichartig verhält, einmal in Bewegung gesetzt, sich immer weiter bewegen.

Die Form der Rundheit ist also für die unaufhörliche Dauer der Bewegung am besten geeignet[43]. Wenn die Bewegung ihr naturgegeben zukommt, wird sie niemals aufhören. Darum wird sie, wenn sie sich so um sich selbst bewegt, daß sie der Mittelpunkt ihrer Bewegung ist, sich unaufhörlich bewegen. Und dies ist die Naturbewegung, mit der die letzte Himmelsphäre sich ohne Gewaltsamkeit und ohne Ermüdung bewegt[44]. An dieser Bewegung nimmt alles teil, was eine natürliche Bewegung hat.

22 *Johannes:* Wie hat Gott denn der letzten Sphäre die Bewegung anerschaffen?

Kardinal: Ähnlich wie du die Bewegung des Globus schaffst. Denn diese Sphäre wird nicht von Gott dem Schöpfer oder von Gottes Geist bewegt, so wenig wie der Globus von dir bewegt wird, wenn du ihn laufen siehst, oder von deinem Geiste, obwohl du ihn in Bewegung gesetzt hast, indem du durch den Wurf mit der Hand den Willen ausführtest und ihm den Antrieb gabst, und er sich bewegt; solange eben dieser Antrieb dauert.

Johannes: So kann man wohl auch von der Seele sagen: solange sie im Körper existiert, bewegt sich der Mensch.

Kardinal: Es gibt vielleicht kein näherliegendes Beispiel, um die Erschaffung der Seele zu verstehen, welcher die Bewegung im Menschen folgt. Denn nicht Gott ist die Seele, noch bewegt der Geist Gottes den Menschen, sondern es ist in dir eine Bewegung geschaffen, die sich — nach der Lehre der Platoniker — selbst bewegt[45]: es ist die vernünftige Seele, die sich selbst und all dein (Verhalten)[46] bewegt.

Johannes: Der Seele kommt das Lebendigmachen zu. Sie ist also Bewegung.

Kardinal: Freilich ist Leben eine gewisse Bewegung.

Johannes: Das gefällt mir sehr. Denn nun sehe ich durch dies sinnenfällige Beispiel, daß viele sich in der Betrachtung der Seele geirrt haben.

Kardinal: Beachte, daß die Bewegung des Globus 23
nachläßt und aufhört, während doch der Globus heil
und unversehrt bleibt, denn sie ist nicht eine Bewe-
gung, die dem Globus natürlich ist, sondern eine hin-
zukommende und gewaltsame. Sie hört also auf, wenn
der Antrieb, der dem Globus eingegeben (impressus)
war, schwindet. Wenn der Globus aber vollkommen
rund wäre — wie oben gesagt —, dann würde die
runde Bewegung, weil sie für diesen Globus natürlich
und keineswegs gewaltsam wäre, niemals aufhören.
So hört die Bewegung, welche das Lebewesen lebendig
macht, niemals auf, den Körper zu beleben, solange
er lebensfähig und gesund ist, weil sie natürlich ist.

Und obgleich die Bewegung, die das Lebewesen le- 24
bendig macht, aufhört, wenn die Gesundheit des Kör-
pers vergeht, so hört doch nicht die vernünftige Be-
wegung der menschlichen Seele auf, welche sie ohne
Körper hat und ausübt. Die Bewegung also, die sich
selbst in der Weise der Vernunft bewegt, ist in sich
selbst bestehend und substantiell.

155r Denn Bewegung, die sich nicht selbst bewegt, | ist
Akzidens, aber was sich selbst bewegt, ist Substanz.
Denn dem, dessen Natur Bewegung ist, stößt die Be-
wegung nicht als Akzidens zu. So ist es auch bei der
Natur der Vernunft, die nicht Vernunft sein kann
ohne die Vernunftbewegung, durch die sie wirklich
ist. Die Vernunftbewegung also ist substantiell, sich
selbst bewegend. Sie läßt also niemals nach.

Belebung aber ist die Bewegung des Lebens, die dem Körper akzidentell zukommt: er ist ja nicht seiner Natur nach lebendig. Denn der Körper ohne Leben ist wahrer Körper. Es kann also jene Bewegung, die dem Körper akzidentell zukommt, aufhören.

Aber deswegen hört doch die substantielle, sich selbst bewegende Bewegung nicht auf. Denn jene Kraft, die auch Geist (mens) genannt wird, verläßt den Körper, wenn sie aufhört, in ihm lebendig zu machen, sinnlich zu empfinden und vorzustellen. Diese Tätigkeiten hat sie nämlich im Körper, und selbst wenn sie dieselben nicht ausübt, bleibt sie dennoch in dauerndem Sein, mag sie auch räumlich vom Körper getrennt werden.

Obgleich nämlich jene Kraft so an einem Orte umschrieben werden kann, daß sie nur dort ist, nimmt sie doch keinen Raum ein, weil sie Geist ist. Denn um ihrer Gegenwart willen teilt sich die Luft nicht auseinander, noch wird ein Raum besetzt, so daß dieser weniger als vorher vom Körper aufnähme.

Johannes: Der Vergleich des Globus mit dem Körper und seiner Bewegung mit der Seele gefällt mir sehr. Der Mensch macht den Globus und seine Bewegung, die er ihm durch den Antrieb einprägt. Und dieser ist unsichtbar, unteilbar, nimmt keinen Raum ein, so wie unsere Seele. — Daß aber unsere Seele substantielle Bewegung ist, das möchte ich gerne noch besser einsehen.

Kardinal: Gott ist der Geber der Substanz, der Mensch aber gibt das Akzidens oder das Gleichnis der Substanz. Die Globusform, die dem Holze durch den Menschen gegeben wurde, ist der Substanz des Holzes hinzugefügt. So ist auch die Bewegung der substantiellen Form hinzugefügt. Gott aber ist der Schöpfer der Substanz. Vieles nimmt an der Bewegung teil, so daß es sich auf Grund dieser Teilnahme an der Bewegung bewegt. Man kommt also hin zu Einem, das durch sich selbst bewegt wird. Und jenem fällt seine Bewegung nicht aus der Teilnahme an einer Bewegung zu, sondern es bewegt sich aus seiner eigenen Wesenheit. Und das ist die vernunfthafte Seele.

Denn die Vernunft bewegt sich selbst. Um das noch klarer zu verstehen, achte darauf, wie in der Rundheit die Eignung zur Bewegung liegt. Denn etwas bewegt sich um so leichter, je runder es ist. Wenn die Rundheit die größte wäre, im Vergleich zu der keine größer sein könnte, würde sie sich deshalb durchaus von selbst bewegen und wäre gleichermaßen Bewegendes und Bewegbares. Die Bewegung also, welche Seele genannt wird, ist, dem Körper anerschaffen und nicht ihm aufgeprägt wie dem Globus, sondern Bewegung durch sich, die dem Körper verbunden ist, und zwar so, daß sie von ihm getrennt werden kann. Daher ist sie Substanz.

Johannes: So sagt man also gut, daß diese Kraft, 26
die du vernunfthafte Seele nennst, Strafe leide oder belohnt werde.

Kardinal: Das sollst du ganz gewiß für wahr glauben. So wie sie nämlich im Körper von den Zuständen (affectiones) des Körpers bedrängt wird, wird sie auch außerhalb des Körpers von Zorn, Neid und den übrigen Leidenschaften bedrängt, da sie noch mit dem körperlichen Schmutz beschwert ist und den Körper noch nicht vergessen hat. Sie wird auch von einem materiellen Feuer gequält, das dafür bereitet ist, daß sie das verzehrende Brennen fühle. Denn von unserem Feuer könnte sie ja nicht gepeinigt werden. — Entsprechend wird jene Kraft, d. i. die Seele, auch gerettet; d. h. sie befindet sich in der Ruhe und wird von keiner Pein gequält.

Johannes: Ich verstehe jetzt: Du sagst, daß die Seele unkörperliche Substanz und die Kraft der verschiedenen Kräfte ist[47]. Denn sie selbst ist Sinnlichkeit. Und sie selbst ist auch Vorstellung. Und ebendiese ist auch Verstand und Einsicht (intelligentia). Sinnlichkeit und Vorstellung übt sie im Körper aus. Verstand und Einsicht übt sie außerhalb des Körpers aus. (Aber) es ist nur eine Substanz von Sinnlichkeit, Vorstellung, Verstand und Einsicht, obwohl der Sinn nicht Vorstellung ist noch auch Verstand oder Vernunft. So ist auch weder Vorstellung, noch Verstand, noch Vernunft jeweils irgendeines von den anderen. Denn es sind verschiedene Weisen des Auffassens in der Seele, von denen die eine nicht die andere sein kann. So, meine ich, willst du sagen.

Kardinal: Ja, ganz so.

27 *Johannes:* Du sagst anscheinend auch, daß die Seele im Körper an verschiedenen Orten zugleich sei.

Kardinal. Ja. Denn weil sie Kraft ist und weil nach der wahren Philosophie jedweder Teil einer Kraft in der Wahrheit der ganzen Kraft ist[48], darum ist das Lebendigmachen der Seele die Seele. Denn die Seele selbst macht die verschiedenen Glieder des Körpers, die an verschiedenen Stellen sind, lebendig. Sie ist also dort, wo sie lebendig macht . Die ganze Substanz der Seele ist also, während sie im Körper ist, an verschie- *155v*
denen Stellen. Aber wenn sie außerhalb des Körpers ist, ist sie nicht an verschiedenen Orten[50], ebensowenig wie der Engel, der ja keinen Körper belebt. Im Körper also ist die Seele in jedwedem Teile des Körpers, so wie ihr Schöpfer in jedwedem Teile der Welt[51].

Johannes: Zieht sich die Seele nicht zurück, wenn ein Finger abgeschnitten wird[52]?

Kardinal: Keineswegs. Aber sie hört auf, den Finger lebendig zu machen. Denn sie zieht sich nicht zurück, weil sie ja nicht von einem Teilchen des Körpers zum andern hinübergeht, da sie zugleich in allen und jedem ist.

28 *Johannes:* Jetzt habe ich noch eine Bitte. Es betrifft wieder die Bewegung der Seele. Wenn du sagst, die Seele bewege sich selbst, so erkläre, in was für einer Art von Bewegung[53] sie sich unaufhörlich bewegt, und sprich es aus!

Kardinal: In keiner von allen sechs Arten der Bewegung[54] bewegt sich die Seele, sondern nur im äquivoken Sinne. Denn ‚die Seele bewegt sich selbst' heißt: sie unterscheidet, abstrahiert, teilt und verbindet. Das folgernde Denken ist eine Kraft der Seele, also ist es auch Seele. Es gibt einige beständige und unveränderliche Gedanken[55], wie z. B., daß Viere nicht Zweie sind, weil Viere Dreie in sich haben, was Zweie nicht haben: also sind Viere nicht Zweie. Dieser Gedanke ist unveränderlich. Also ist die Seele unveränderlich.

Während aber der Gedanke so folgernd fortläuft, so ist dieses Durchlaufen jedenfalls ein gedankliches (rationalis). Durch sich selbst also wird die denkende (rationalis) Seele im folgernden Denken bewegt. Ferner ist die Seele eine Kraft, Künste und neue Wissenschaften zu erfinden. In dieser Neues erfindenden Bewegung kann sie also nur durch sich selbst bewegt werden.

So wird sie, wenn sie sich zum Gleichnis von allem Erkennbaren macht, durch sich bewegt, wie etwa wenn sie sich im Sinn zum Gleichnis der sinnlich wahrnehmbaren Dinge macht — wie beim Gesicht der sichtbaren, beim Gehör der hörbaren und so bei allem.

Darum heißt es[56], die Seele bestehe aus Demselben und dem Verschiedenen wegen ihrer allgemeinen Bewegung des Erfassens von allem und wegen der besonderen Bewegung im Erfassen des Verschiedenen — ebenso aus Unteiligem (individuo) und Teiligem, weil sie sich dem Teilbaren und Veränderlichen gleichformt.| Und so ist die Seele jene Kraft, die sich allen 29
Dingen gleichformen kann und die sich (auch) zur Ursache der Bewegung des Körpers, nämlich von Hand oder Fuß, macht, aber nicht immer auf Grund einer Unterscheidung, weil es ja auch Bewegung durch die Natur gibt wie bei der Bewegung der Nerven und der Lunge.

Bei den Kindern macht sich die Seele infolge ihrer Zartheit noch nicht zum Gleichnis der Dinge, wohl aber nach den Jahren der Unterscheidung, wenn der Körper gefestigt ist, wenn sie die Unterscheidungskraft bekommen hat und besonders, wenn sie durch Unterweisung geübt wird. Sie ist nämlich bei den Kindern, die im Gebrauch des Verstandes noch ungebildet sind, der Natur unterworfen, damit es ein starker und vollkommener Mensch werde. Und durch Unterweisung und Übung bewegt sich seine Ungeformtheit zur Vollkommenheit hin.

Man kann aber auch sagen, daß die Seele sich in zweifacher Weise bewege: entweder wenn sie sich zur Ursache der Körperbewegungen macht, was sie ja auch im Schlafe tut, oder wenn sie sich zum Gleichnis der Dinge macht, was sie auch außerhalb des menschlichen Körpers tut. Leben ist augenscheinlich ein Sichbewegen[57]. Und so lebt die Seele, weil sie sich aus sich selbst bewegt, wahrer als der Mensch, der von der Seele bewegt wird.

30 *Johannes:* Von hier aus meine ich, daß Gott wahrer lebt als die Seele.

Kardinal: Das meinst du ganz richtig. Nicht als ob Gott sich bewegte oder zum Gleichnis der Dinge machte — was die Seele tut —, obgleich alles in ihm in einer gewissen Einfachheit ist, sondern weil er selbst das wahre Sein der Dinge und das Leben der Leben ist. Denn so spricht er: Ich bin die Auferstehung und das Leben[58].

Johannes: Was du vorhin über die Erfindung des Neuen in Erinnerung brachtest, gefällt mir sehr. An diesem Akte sieht man nämlich deutlich, daß die Seele sich selbst bewegt. Ich möchte, daß du dies auf das Spiel anwendest.

31 *Kardinal:* Ich faßte den Gedanken, ein Weisheitsspiel zu erfinden; ich überlegte, wie das zu geschehen habe. Dann beschloß ich, es so zu machen, wie du

siehst. Gedankenfassen, Überlegen und Beschließen sind Kräfte unserer Seele. Kein Tier kommt auf solch einen Gedanken, ein neues Spiel zu erfinden. Darum überlegt oder beschließt es auch gar nichts darüber.

Diese Kräfte gehören dem lebendigen Denken (ratio), das Seele genannt wird, und sie sind lebendig, weil sie nicht ohne die Bewegung des lebendigen Denkens sein können. Bei diesem Gedankenfassen begreift nämlich jeder die Bewegung des denkenden (rationalis) Geistes, wenn er bemerkt, daß das Gedankenfassen ein gewisses Durchlaufen (discurrere) ist und ebenso auch das Überlegen und Beschließen. Und zu diesem Werk leistet der Körper keinerlei Hilfe.

Darum zieht sich die Seele möglichst vom Körper zurück, um besser zu denken, zu überlegen und zu beschließen. Denn sie will ganz in ihrer Freiheit sein, um frei zu wirken. Diese freie Kraft aber, die wir
156r denkende Seele nennen,|ist um so stärker, je mehr sie von den körperlichen Beschränkungen losgelöst ist. Also lebt die Seele um nichts mehr in dem Körper als außerhalb seiner. Und sie wird auch nicht durch die Auflösung der Harmonie oder der rechten Zusammenstimmung des Körpers aufgelöst, weil sie nicht abhängig ist von der Zusammenstimmung, so wie etwa die Gesundheit des Körpers. Sondern umgekehrt: diese Zusammenstimmung selbst hängt von der Seele ab: wenn diese nicht da ist, so gibt es auch keine Zusammenstimmung (der körperlichen Funktionen).

Die Seele ist Leben, weil sie Denken (ratio) ist, das 32
eine lebendige Bewegung ist. Wenn ich also einen Gedanken fasse, überlege und beschließe, was geschieht dann anderes, als daß der denkende Geist, der die Kraft des Gedankenfassens, Überlegens und Beschließens ist, sich selbst bewegt?

Und wenn ich nach der Begriffsbestimmung der Seele frage, was die Seele sei, denke und überlege ich dann etwa nicht[59]? Und ich finde dabei, daß die Seele sich selbst in kreisförmiger Bewegung bewegt, weil diese Bewegung ja auf sich selbst zurückgewendet wird. Wenn ich mir nämlich Gedanken mache über das Gedankenmachen, ist es eine kreisförmige und sich selbst bewegende Bewegung. Und so ist die Bewegung der Seele, die Leben ist, eine unaufhörlich dauernde, weil sie kreisförmig, auf sich selbst zurückgebogen ist.

Johannes: Ich erfasse wohl, was du sagst. Und es ist mir sehr lieb, von diesen drei Kräften der vernunfthaften Seele gehört zu haben, von denen die eine nicht die andere ist, weil zuerst das sich Gedanken-machen kommt, dann das Überlegen und zuletzt das Beschließen. Das sich Gedanken-machen erzeugt das Überlegen, und das Beschließen geht aus ihnen hervor. Und sie sind nur eine einzige lebendige Bewegung, die sich selbst vollkommen bewegt. Und darin sehe ich, daß die vernunfthafte Seele mit Notwendigkeit eine dreieinige Kraft ist, wenn sie in vollkommener Weise leben und sich bewegen soll.

33 *Kardinal:* Füge noch hinzu, daß sie darum noch vollkommener ist, weil in ihr jene unendliche Kraft mehr widerscheint, welche die vollkommenste ist: Gott. Wie Gott ewig ist, ist sie darum unaufhörlich dauernd. Denn im Dauernden scheint die Ewigkeit besser wider als im Zeitlichen (Flüchtigen).

Johannes: Ich will das, was du lehrst, sehr gern hinzufügen, aber dabei noch eins, was mir sehr lieb ist, nicht weglassen.

Kardinal: Was ist das?

Johannes: Wenn es zur Vollkommenheit unseres Geistes[60] notwendig gehört, daß er dreieinig ist, wie du aufs beste erklärt hast, dann sind wirklich diejenigen für Nichtswisser zu halten, die leugnen, daß der vollkommenste Geist, Gott, dreieinig ist.

Kardinal: Es ist durchaus ein Zeichen von Unwissenheit, von Gott nicht das zuzugeben, was zur Einfachheit und Vollkommenheit gehört. Je mehr die Einheit aber eint, um so einfacher und vollkommener ist sie[61]; darum ist die dreieinige vollkommener, weil sie so eine ist, daß sie auch in drei Personen, von denen jedwede eine ist, (nur) eine ist. Anders wäre sie nicht die vollkommenste Einheit. Denn es würde die Natur fehlen und das, was zu ihrer vollkommensten Wesenheit notwendig ist[62]. — Aber dies sind höhere Probleme, als die wir jetzt untersuchen.

Johannes: Du scheinst mit Bedacht gesagt zu haben, 34
daß es das Ausdenken eines Spiels und das Überlegen und Beschließen bei den Tieren nicht gibt. Du leugnest aber doch nicht, daß auch die Tiere beim Nestbau, bei der Jagd u. a., wie wir die Erfahrung machen, nachdenken, überlegen und beschließen[63]. Wie willst du also zeigen, daß sie nicht denkende Wesen sind?

Kardinal: Weil ihnen die freie Kraft, die in uns ist, fehlt. Denn als ich dieses Spiel erfand, dachte ich nach, überlegte und beschloß ich, was ein anderer nicht ausdachte, überlegte und beschloß, weil ein jeder Mensch frei ist, über das nachzudenken, was er nur immer wollen mag, entsprechend auch zu überlegen und zu beschließen. Darum denken nicht alle dasselbe aus, da jedermann seinen eigenen freien Geist hat. Bei den wilden Tieren ist es aber nicht so. So werden sie von der Natur zu dem, was sie tun, getrieben, und die Tiere derselben Art machen Jagd und Nest ähnlich.

Johannes: Das geschieht aber nicht ohne Denken!

Kardinal: Die Natur wird durch Vernunftkraft (intel- 35
ligentia) bewegt[64]. Aber ebenso wie der Begründer des Gesetzes der Bewegung durch sein Denken (ratio) das

Gesetz so in seiner Ordnung bestimmte, daß die Untergebenen nicht durch den Vernunftgrund (ratio) des Gesetzes, der ihnen ja unbekannt ist, bewegt werden, sondern durch die Herrschaft des Höheren, die sie zwingt, ebenso wird auch das Tier durch die Herrschaft der Natur bewegt, die es zwingt, und nicht durch Vernunftgrund bewogen, den es ja nicht kennt. Daher sehen wir, daß alle Exemplare derselben Art in einer artgemäßen Bewegung gleichsam vom eingegebenen Gesetz der Natur gezwungen und bewegt werden. Mit solchem Zwange ist unser königlicher und herrscherlicher Geist nicht gefesselt. Andernfalls würde er nichts erfinden, sondern bloß den Antrieb der Natur ausführen.

Johannes: Wenn ich sehe, wie die Spinnen in ihren Geweben und bei der Jagd einem einzigen Gesetz gehor-
chen und|die Schwalben beim Nestbau und unzähliges *156v*
Derartige, dann begreife ich wohl, daß die Einzelexemplare derselben Art von *einer* Bewegung bewegt werden und daß diese triebhaft ist. Ich bin also zufriedengestellt.

36 *Kardinal:* Wenn du darauf achtest, daß einiges in uns naturhaft gedacht, überlegt und beschlossen wird — das nämlich, was unsere Leiblichkeit (animalitas) erfordert — und anderes ist, was den Körper nichts angeht, jedoch dem Geiste zukommt, wie jenes vorhin Genannte, so erkennst du durch die Erfahrung, daß wir uns zwar auch bei den ersteren frei bewegen[65], aber doch aus der Notwendigkeit der sinnlichen und körperlichen Natur, bei dem anderen aber (wahrhaft) frei, da der Freie sich selbst bewegt. Die Natur aber kann unserem Geist keinerlei Notwendigkeit auferlegen, wohl dagegen der Geist der Natur, wie es sich im Guten, in der Enthaltsamkeit und in der Keuschheit offenbart und auch im Bösen, wenn wir nämlich wider die Natur sündigen und wenn die Verzweifelten Hand an sich selbst legen und sich töten.

Johannes: Eines bleibt noch, was ich klarer einsehen möchte: Wie kommt es, daß sich die sinnliche und vegetative Kraft beim Menschen und bei den Tieren verschieden verhält? Du hast gesagt, es sei eine Substanz, die wir Seele nennen, und sie sei die Kraft der vielen Kräfte: von der vegetativen und von dem, was in der vegetativen eingefaltet ist, und von der sinnlichen und von dem, was in der sinnlichen enthalten ist, und auch der vernunfthaften und dem, was zu ihr gehört. Sicher ist aber, daß diese Substanz hinsichtlich der vernunfthaften Kraft nicht den Körper benötigt. 57

Darum ist die ganze Substanz der Seele, da sie nicht vom Körper abhängt, durch sich selbst und ohne den Körper bestehend, obzwar sie die anderen Kräfte, nämlich die sinnliche und die vegetative, nur im Körper ausübt. Sie hat also außerhalb des Körpers nicht weniger Kraft als im Körper, wenn dann auch die Ausübung der Kräfte, die den Körper benötigen, aufhört. — Da aber die Seele des Tieres eine Substanz und Kraft ist, die den Körper benötigt, weil sie ohne ihn nichts zur Betätigung hat, so vergeht sie offensichtlich, wenn der Körper vergeht. Und weil die Substanz, die im Menschen ist, vernünftige und unvergängliche (indeficiens) Kraft ist, so vergeht sie offensichtlich niemals. Denn nach Dionysius[66] ist die Substanz Wesenheit, die nicht vergänglich ist und beständig dauern kann, da sie ja in der Seele des Menschen beständig dauert.

Kardinal: Feinsinnig behandelst du die Frage nach dem Unterschied des Vegetativen und Sinnlichen bei Mensch und Tier. Ich glaube, daß man zuerst darauf achten muß, daß jene Kräfte, nämlich die vegetative, die sinnliche und die vorstellende, in der vernunfthaften Kraft des Menschen so sind wie das Dreieck im Viereck — wie Aristoteles gut gesagt hat[67]. 58

Das Dreieck hat aber im Viereck nicht seine Dreiecksform, sonderen die des Vierecks. Bei den Tieren aber hat das Dreieck die Form des Dreiecks. Das Dreieck ist also von anderer Natur als das Viereck — so auch die vegetativen, sinnlichen und vorstellenden Kräfte, die jenes Dreieck, das Tierseele heißt, aufbauen; sie sind da von unvollkommenerer Natur als beim Menschen, d. h. dort, wo sie mit der vernünftigen Kraft, der edelsten und vollkommensten, jenes Viereck aufbauen, das menschliche Seele heißt.

Denn das Niedere ist im Höheren gemäß der Natur des Höheren[68]. So ist in der sinnlichen Natur das Leben edler als in der vegetativen und noch edler in der vernunfthaften. Aber es ist am edelsten in der göttlichen Natur, die das Leben der Lebenden ist.|Kein
39 Wunder also, wenn jene Kräfte im Dreieck nicht die Natur dieser Kräfte im Viereck haben, wo sie zur substantiellen Identität mit der unvergänglichen vernunfthaften Kraft gelangen.

Denn so wie das Vegetative, das Sinnliche, das Vorstellende und das Vernunfthafte in der göttlichen Natur, welche die ewige Ewigkeit selbst ist, ewig sind, ebenso sind das Vegetative, Sinnliche und Vorstellende in der vernünftigen Natur, welche immerwährend ist, immerwährend. Und wenn beim Tier diese Kräfte auch nicht mit der ewigen Dauer der vernünftigen Natur währen, so meine ich doch nicht, daß etwas von ihnen sich in seiner Substanz auf Grund der Andersartigkeit des Körpers verändere. Denn so wie im Menschen, wenn seine Hand verdorrt, die Substanz der vegetativen und der sinnlichen Seele nicht verdorrt, sondern immer dieselbe bleibt, weil die Kraft der Menschenseele unvergänglich ist, obwohl die Lebensfunktion und die Sinnesempfindung der Hand aufhören, so geht auch vielleicht durch den Tod des Tieres und das Verdorren

des Baumes diese Substanz, welche sinnliche oder
vegetative Seele heißt, nicht unter, obwohl sie nicht
mehr ihre vorherige Tätigkeit ausübt.

Johannes: Auf welche Weise bleibt sie also be- 40
stehen?

Kardinal: Wir können nicht leugnen, daß der Mensch
Mikrokosmos[69] genannt wird, d. h. ‚kleine Welt', die
157r eine Seele hat. So|lassen sie auch die große Welt eine
Seele haben; und einige nennen diese ‚Natur', andere
den Weltgeist[70], der alles von innen ernährt, eint, ver-
knüpft, hegt und bewegt. Denn diese Weltkraft, die
sich selbst und alle Dinge bewegt, von der wir ge-
sprochen haben, ist immerwährend, weil sie eine runde
und kreisförmige[71] Bewegung ist, die alle Bewegung in
sich hat, so wie die Kreisfigur alle Figuren in sich ein-
faltet[72]. Die meisten nennen diese Seele ‚Notwendigkeit
der Verknüpfung'[73]. Andere aber nennen sie das Schick-
sal in der Substanz, das alle Dinge geordnet entfaltet.

Die ganze körperliche Welt verhält sich zu ihr so
wie der Körper des Menschen zur Seele. Sie ist sinn-
liche Seele in den sinnlichen Wesen, vegetative in den
Pflanzen und elementative in den Grundstoffen. Wenn
sie aufhört, einen Baum wachsen zu lassen oder ein
Tier zu beleben, so hört sie deswegen doch nicht auf
zu sein — wie es schon von der Menschenseele ge-
sagt ist.

Johannes: Dann ist die Seele des einen Tieres oder 41
Baumes keine andere als die des anderen?

Kardinal: Der Substanz nach muß man das in die-
sem Gedankenzuge zugeben, denn es gibt nur *eine*
Seele von allen, aber dem Akzidens nach unterschei-
den sie sich alle — so wie sich auch die Sehkraft im
Menschen nicht der Substanz nach von der Hörkraft
unterscheidet, da es ja die eine Seele ist, die Seh- und
Hörkraft ist; dem Akzidens nach aber unterscheiden

sie sich, weil der Sehkraft das Akzidens zukommt, im Auge zu sein und nicht im Ohr und auch wohl in dem einen Auge zu sein, das besser geeignet ist, ihre Tätigkeit auszuüben als ein anderes.

42 *Johannes:* Nach dieser Auffassung kann man einräumen, daß es eine dreifache Welt gibt: die kleine, das ist der Mensch, die größte, das ist Gott, und die große, die Universum heißt. Die kleine ist das Gleichnis der großen, die große Gleichnis der größten. — Aber ich bin im Zweifel: ist der Mensch, da er die kleine Welt ist, auch Teil der großen?

Kardinal: Freilich ist der Mensch in der Weise kleine Welt, daß er auch Teil der großen ist. Denn das Ganze strahlt in allen Teilen wider, weil der Teil Teil des Ganzen ist; so ist in der Hand, die zum Ganzen in Proportion steht, der Widerschein des ganzen Menschen, aber im Kopfe strahlt doch die ganze Vollkommenheit des Menschen in vollkommenerer Weise wider. So ist in jedem seiner Teile ein Widerschein des Universums, denn alle Dinge haben zum Universum ihr eigenes Verhältnis und ihre Proportion.

Dennoch strahlt es in dem Teil, der Mensch genannt wird, mehr wider als in irgendeinem andern. Weil also die Vollkommenheit der Ganzheit des Universums im Menschen mehr widerstrahlt, ist auch der Mensch eine vollkommene Welt, wenn auch eine kleine, und Teil der großen Welt. Und so hat der Mensch das, was das Universum in universaler Weise hat, in besonderer Weise, ihm eigentümlich und als Teil[75].

Es kann nur ein Universum geben und vieles Besondere und Unterschiedene; darum tragen viele besondere und unterschiedene Menschen die Art und das Bild des einen und vollkommenen Universums, so daß die feststehende Einheit des großen Universums in solcher verschiedenartigen Vielheit vieler kleiner, flüchtiger Welten, die einander folgen, um so vollkommener entfaltet ist.

Johannes: Wenn ich es richtig fasse, dann ist auch 43
der Mensch ein Reich, so wie das Universum ein großes Reich ist, aber ein kleines im großen Reiche wie das Reich von Böhmen im Römischen Reich oder im universalen Kaiserreich.

Kardinal: Sehr gut! Denn der Mensch ist ein Reich, ähnlich dem universalen Reiche, gegründet in einem Teile des Alls. Solange nämlich der Embryo im Mutterschoß ist, ist er noch kein eigenes Reich. Wenn aber die vernünftige Seele geschaffen ist, die durch Schöpfung in ihn hineingelegt wird, wird er ein Reich, das seinen eigenen König hat, und wird Mensch genannt. Wenn aber die Seele von ihm weicht, hört er auf, Mensch zu sein und ein Reich. Der Körper aber kehrt so, wie er vor der Ankunft der vernünftigen Seele dem universalen Reiche der großen Welt angehörte, auch wieder zu ihm zurück. — So gehörte ja auch Böhmen zum Kaiserreich[76], bevor es einen eigenen König hatte, und das wird auch so bleiben, wenn sein eigener König beseitigt ist[77].

Der Mensch also untersteht unmittelbar seinem eigenen König, der in ihm regiert, mittelbar aber untersteht er dabei dem Reiche der Welt. Wenn er aber noch keinen König hat oder aufgehört hat, (Mensch) zu sein, untersteht er unmittelbar dem Reich der Welt. Beim Embryo übt darum die Natur oder die Weltseele die vegetative Kraft aus, so wie bei den andern Wesen, die vegetatives Leben haben. Und sie setzt diese Tätigkeit auch noch bei manchen Toten fort, denen Haare und Nägel wachsen. Das tut sie bei ihnen wie in den andern Körpern, denen ein eigener König fehlt.

Wie aber der Mensch ein eigenes Reich ist, frei und edel, das habe ich anderwärts[78] weitläufig behandelt. Es

ist eine schöne Betrachtung, bei welcher der Mensch sich selbst erkennt, in seinem, wenngleich kleinen Reiche, alles reichlich und ohne Mängel findet, sich glücklich sieht, wenn er nur will, und so aufs beste befriedigt ist.|Das haben wir nun jetzt so, wie die Zeit erlaubte, 157v
berührt.

44 *Johannes:* Laß es dich nicht verdrießen, zu dem, was du so schön gesagt hast, noch hinzuzufügen, auf welche Weise die größte Welt, die Gott ist, in der universalen widerstrahlt.

Kardinal: Hohes erbittest du! Ich weiß nicht, ob ich dem genügen werde. Doch will ich mir, soviel ich kann, mit dem Globus helfen.

Denn der sichtbare Globus ist das Bild des unsichtbaren Globus, der im Geiste des Werkmeisters war. Betrachte nun aufmerksam, daß der Geist in sich die Kraft des Bildens hat. In sich selbst nämlich findet der Geist, der die freie Fähigkeit zum Entwerfen (concipiendi) hat, die Kunst, den Entwurf (conceptum) zu entfalten. Diese Kunst soll jetzt ‚Meisterschaft des Bildens' heißen. Diese Kunst haben die Töpfer, die Bildhauer, die Maler, die Drechsler, die Schmiede, die Weber und ähnliche solche Handwerker.

Gesetzt also, daß so ein Töpfer Töpfe, Schalen, Krüge u. ä., die er im Geiste entwirft, bilden will und sichtbar zeigen, damit man ihn als Meister erkenne: dann bemüht er sich zuerst, die Möglichkeit herbeizuführen (inducere) oder die Materie fähig zu machen, die Form der Kunst aufzunehmen. Wenn die Materie sich nun in diesem Zustande befindet, sieht er, daß er diese Möglichkeit nicht ohne Bewegung zum Wirklichsein überführen kann, damit sie so die Form habe, die er im Geiste entworfen hat. Und er macht eine Drehscheibe, mit deren Bewegung er die vorentworfene Form aus der Möglichkeit der Materie herausbringen will.

Und weil die eine Materie geeigneter ist als die andere, kann keine Möglichkeit die vollkommenste sein. Darum kann in keiner Materie die immaterielle und geistige Form wahrhaftig, so wie sie ist, gebildet werden. Sondern jede sichtbare Form wird Gleichnis und Bild der wahren und unsichtbaren Form bleiben, die im Geiste als der Geist selbst existiert.

So existiert also im Geiste des Drechslers dieser 45
Globus als der Geist selbst. Da der Geist sich in jener Form, die er entworfen hat und deren Entwurf er sich angeglichen hat, sichtbar machen wollte, machte er die Materie, nämlich das Holz, geeignet, damit sie jener Form fähig wäre. Dann brachte er mit der drechselnden Bewegung die Form in das Holz hinein.

Es war also der Globus im Geiste, und da ist der Globus als Urbild Geist. Er war im rohen Holze in der Weise der Möglichkeit, und da war er Materie. Er war in der Bewegung, währenddem er aus der Potenz zum Wirklichsein geführt werden sollte, und da war er Bewegung. Und dann ist seine Möglichkeit zur Wirklichkeit geführt worden, so daß er durch die Bestimmung und Abgrenzung der Möglichkeit wirklich ist. Und diese ist von der Wirklichkeit so bestimmt, daß er nun ein sichtbarer Globus ist.

Du hast also aus diesem Gleichnis der menschlichen Kunst etwas, wodurch du einigermaßen die göttliche schöpferische Kunst erschließen könntest, obwohl zwischen dem Schaffen Gottes und dem Machen des Menschen soviel Abstand ist wie zwischen dem Schöpfer und dem Geschöpf.

Der göttliche Geist also, als der die Welt in sich Entwerfende — und dieser Entwurf ist der Geist selbst, der dem Entwurf gleich ist — heißt Urbild-Welt. Es wollte Gott aber die Schönheit seines Entwurfes offenbaren und sichtbar machen. Er schuf nämlich die Möglichkeit oder das schöne-Welt-werden-Können und die Bewegung, durch welche es aus der Möglichkeit dahin geführt werden sollte, daß diese sichtbare Welt entstand. In ihr ist die Möglichkeit, Welt zu sein, so wie Gott es wollte und wie sie werden konnte, von der Wirklichkeit bestimmt.

46 *Johannes:* Verstehst du unter dem Werdenkönnen, der Möglichkeit oder der Materie, etwas, woraus die Welt gemacht ist so wie der Globus aus dem Holze?

Kardinal: Keineswegs. Sondern: daß die Welt von der Seinsweise[79], die Möglichkeit oder Werdenkönnen oder Materie heißt, zu der Seinsweise, die Wirklichsein heißt, überging. Denn nichts wird wirklich, was nicht hat werden können. Was unmöglich werden kann, auf welche Weise sollte das auch werden[80]!

Wenn die Materie aber etwas Wirkliches wäre, dann wäre sie jedenfalls die Ewigkeit selbst oder doch ein Ewigkeitswerk. Man kann nicht sagen, sie wäre Ewigkeit, weil die Ewigkeit Gott ist, welcher alles ist, was sein kann[81]. So ist er nicht Materie, welche Möglichkeit oder Werdenkönnen oder Veränderlichkeit ist. Und die Materie ist auch nicht ein Ewigkeitswerk. Denn wenn sie gemacht wäre, dann hätte sie werden können[82]. Dann wäre das Werdenkönnen, d. h. die Materie, aus der Materie gemacht und so aus sich selbst, was unmöglich ist. Die Materie ist also nichts Wirkliches.

Von dem Ding aber, das wird, sagt man, daß es aus der Materie werde, weil es hat werden können. Denn der göttliche Geist würde nicht allmächtig sein, wenn er nur aus Etwas etwas machen könnte, was ja der erschaffene Geist, der keineswegs allmächtig ist, jeden Tag tut.

47 *Johannes:* Du leugnest nicht, daß das Werdenkönnen, obgleich es kein etwas-Sein[83] ist, etwas werden

kann. Es ist also nicht gänzlich nichts, weil aus Nichts nichts wird. Und da es nicht Gott ist und nicht etwas Wirkliches und auch nicht von einem Etwas her und auch nicht Nichts, darum ist es, was immer es ist, vom Nichts her[84]. Denn die Materie ist ja nicht aus sich selbst[85], weil sie sich nicht aus Nichts erschaffen kann. Also sieht man, daß sie Gottes Geschöpf ist.

Kardinal: Du ziehst den Schluß sehr gut. Denn das lebendige Denken (ratio) nötigt einen, das so zuzugeben, obgleich es nicht findet, wie das begriffen wer-
158r den (concipi) kann. So |nämlich wie der Begriff von Gott allen Begriff übersteigt, so entflieht der Begriff der Materie jedem Begriff.

Johannes: Liegen nicht die Formen in der Materie 48
verborgen, so wie der Globus im Holze verborgen lag?

Kardinal: Keineswegs. Denn wenn der Drechsler den Globus macht, indem er Teile des Holzes abschneidet, bis er hingelangt zu der Form des Globus, dann ist die Möglichkeit, die der Drechsler im Holze gesehen hat, wenn sie sich dem Globus des Geistes gleichformt, aus der möglichen Seinsweise zum wirklichen Sein übergegangen.

Die materielle Ursache davon ist das Holz, die bewirkende der Handwerker, die formale das Vorbild im Geiste des Handwerkers und die Zielursache der Handwerker selbst, der um seiner selbst willen tätig gewesen ist. Drei Ursachen laufen also im Handwerker zusammen, und die vierte ist material. Ebenso ist Gott dreifache Ursache: bewirkende, formale und Zielursache von jedem Geschöpf und von seiner Materie[86]. Und diese Materie verursacht nicht etwas[86a], da sie nicht ein Etwas ist; aber ohne sie könnte das, was wird, nicht werden.

Weil nämlich, was im Geiste Gottes ist, Gott ist, der die Ewigkeit ist, so kann das jedenfalls nicht werden.

Und es wird auch nicht etwas, das nicht im Geiste und Entwurfe Gottes ist. Die Wahrheit jedes Dinges, das wird, kann also nur sein Vorbild sein, welches der Geist Gottes ist; daher wird das, was wird, ein Bild der vorbildlichen Form sein. Denn die Wahrheit des Bildes ist nicht das Bild, sondern das Vorbild. Wenn es also nicht die Wahrheit, sondern ihr Abbild ist, dann ist es notwendig, daß dasjenige, was wird — da es aus der feststehenden Ewigkeit herabsteigt —, in einem veränderlichen Träger aufgenommen werde, wo es nicht so aufgenommen wird, wie es in der Ewigkeit ist, sondern so wie es werden kann.

49 *Johannes:* Wenn ich das alles richtig begreife, so sind alle Dinge in Gott, und dort sind sie die Wahrheit, die nicht mehr noch minder ist; aber sie sind dort zusammengefaltet und unausgewickelt, so wie der Kreis im Punkte[87]. Und alle Dinge sind in der Bewegung, aber da sind sie, wie sie entwickelt werden (evolvuntur), so, wie wenn der Punkt der einen Zirkelspitze um den andern herum sich (zum Kreise) entrollt (evolvitur); denn dann entfaltet jener Punkt den Kreis, der vorher zusammengefaltet war. Alle Dinge sind im Werdenkönnen so wie der Kreis in der Materie, die zur Kreisfigur gebracht werden kann. Und alle Dinge sind in der bestimmten Möglichkeit[88] so wie der wirklich beschriebene Kreis.

Kardinal: Ziemlich vollständig hast du das zusammengefaßt, was, ich weiß nicht wie, und außerhalb unseres Vorhabens in die Rede geraten ist. — Kehren wir nun also zu unserem Spiel zurück. — Ich will das, was ich im Sinn hatte, ganz kurz darlegen.

Johannes: Wenn ich nicht sähe, wie reichlich und weit über unser Erwarten du uns zufriedengestellt hast und eine Lehre dargelegt, die einer großen Betrachtung entspricht, dann würde ich, weil wir so großes

Verlangen haben zu hören, dich inständig bitten, obwohl du müde bist, das Begonnene in langen Abhandlungen auszuarbeiten. Jetzt tu aber, wie du vorhast! Wir wollen deine Bücher befragen, wo wir diese Höhepunkte der Spekulation zu finden hoffen.

Kardinal: Ich glaube, daß ich diese und andere 50
Dinge des öfteren gesagt und auch niedergeschrieben habe, vielleicht besser als jetzt, wo die Kräfte weithin nachlassen und das Gedächtnis nur langsam antwortet[89].

Meine Absicht aber war, dieses Spiel — das ich neulich erfand und das alle durchweg leicht erfassen und gerne spielen, weil es bei dem verschiedenartigen und niemals sicheren Laufe des Globus so oft zum Gelächter kommt[90] — in eine Ordnung zu bringen, die dem Vorhaben nützlich ist.

Ich machte ein Zeichen, wo wir stehen, wenn wir den Globus werfen, und einen Kreis in der Mitte des Feldes; in seiner Mitte ist der Thron des Königs, dessen Reich das Reich des Lebens ist, welches im Kreise beschlossen ist. Und in dem Kreise machte ich noch neun weitere Kreise.

Die Spielregel ist nun so: Der Globus soll innerhalb des Kreises aus seiner Bewegung zur Ruhe kommen, und je näher dem Mittelpunkte, um so mehr gewinnt man — entsprechend der Zahl des Kreises, in dem der Globus stillsteht. Wer am schnellsten 34 erreicht hat — das sind die Jahre Christi[91] —, der soll Sieger sein.

Dieses Spiel, sage ich, bezeichnet die Bewegung 51
unserer Seele aus ihrem Reiche zum Reich des Lebens, in dem Ruhe und ewige Glückseligkeit ist. In seinem Mittelpunkt thront unser König und Lebensspender Jesus Christus. Als dieser uns ähnlich war, hat er den Globus seiner Person so bewegt, daß er in der Mitte des Lebens ruht. Damit hat er uns ein Vorbild hinter-

lassen[92], auf daß wir tun, wie er getan hat, und unser Globus dem seinen folge, wenngleich es unmöglich ist, daß ein anderer Globus in dem selben Mittelpunkte, in dem der Globus Christi ruht, die Ruhe erlange. Innerhalb des Kreises sind nämlich unendlich viele Räume und Wohnungen[93].

Denn der Globus[94] eines jeden ruht in seinem eigenen Punkte und Atome, den kein anderer jemals erreichen könnte. Und es können auch nicht zwei Globen den gleichen Abstand vom Mittelpunkt haben, sondern immer der eine mehr und der andere weniger.

Jeder Christ muß also bedenken, wie einige nicht
die Hoffnung auf das andere Leben haben, sie bewegen
ihren Globus in diesen irdischen Gefilden. Andere ha-
ben wohl die Hoffnung auf Glückseligkeit, aber sie
trachten danach, mit ihren eigenen Kräften und Sat-
zungen ohne Christus zu jenem Leben zu gelangen;
und indem sie den Kräften ihrer Klugheit (ingenii)
und|den Vorschriften ihrer Propheten und Meister fol- *158v*
gen, lassen sie ihren Globus zur Höhe laufen[95]. Aber
auch ihre Globen gelangen nicht zum Reiche des Le-
bens. Es gibt Dritte, die den Weg einschlagen, den
Christus, Gottes eingeborener Sohn, verkündete und
wandelte. Diese wenden sich zur Mitte hin, wo der
Thron des Königs der Kräfte und des Mittlers zwischen
Gott und den Menschen steht. Und sie treiben ihren
Globus zu maßvollem Laufe, indem sie den Fuß-
spuren[92] Christi folgen, und sie allein erlangen Woh-
nung im Reiche des Lebens. Denn allein der Sohn Got-
tes, welcher vom Himmel herabstieg, wußte den Weg
des Lebens, den er den Glaubenden durch Wort und
Tat eröffnet hat.

52 *Johannes:* Du sagst: den Glaubenden; wer sind diese?

Kardinal: Die, welche glauben, daß er Gottes Sohn ist und daß das Evangelium durch ihn verkündet worden ist; die sind der Wahrheit des Evangeliums gewiß, weil der Sohn Gottes nicht lügt. Darum ziehen sie die Verheißungen des Evangeliums diesem Leben vor. Sie sterben hier mit Freuden, um mit Christus in das ewige Leben einzugehen. Denn sterben muß man auf jeden Fall. Das Sterben aber um des Glaubens willen an den Sohn Gottes hat den Lohn des ewigen Lebens.

Wie sollte denn auch Gott, der gerecht und treu ist, die Treue dessen, der für seine Ehre stirbt, nicht belohnen? Oder was für eine Belohnung sollte er geben, wenn nicht das Leben für den, der für ihn das Leben gegeben hat? Ist Gott etwa weniger edel als ein Edelmann, der die Treue des Dieners reichlich belohnt bis zur Genossenschaft in seinem Reiche? Und wenn gar der Gläubige für die Ehre des Sohnes den ewigen Tod zu leiden erwählt hat[96], wie sollte ihm dafür eine Belohnung gegeben werden, wenn nicht das Leben, wo er immer und ewiglich sich bewußt sein kann, wahrhaft zu leben und sich zu freuen[97].

Johannes: Dann sind also diejenigen keine wahren 53
Christen, die nicht wie Christus für die Ehre Gottes sterben?

Kardinal: Der ist ein Christ, welcher die Ehre Christi dem eigenen Leben und der eigenen Ehre vorzieht, und zwar so, daß er, wenn er in Verfolgungen geprüft würde, als ein solcher Christ erfunden würde. In ihm lebt Christus, er selbst lebt nicht[98]. Ein Verächter dieser Welt also und diesen Lebens ist der, in dem durch den Glauben der Geist des Gottessohnes, Jesu Christi, ist und welcher, der Welt gestorben, in Christus lebt.

Johannes: Du siehst aber doch[99], wie schwer es ist, den gekrümmten Globus zu leiten, daß er dem Wege

Christi folgt, in dem ja der Geist Gottes war, der ihn zum Mittelpunkt und zur Quelle des Lebens führte.

Kardinal: Es ist sehr leicht für den, der den wahren Glauben hat[100], wie ich vorhin gesagt habe. Wenn also der Globus deiner Person vom Geiste des Glaubens angetrieben wird, wird er in fester Hoffnung geleitet und durch die Liebe an Christus gebunden, der dich mit sich zum Leben führen wird. Aber für den Ungläubigen ist es unmöglich.

Johannes: Ich sehe, daß dies ganz gewiß ist: Wer nicht Christus als dem Sohne Gottes glaubt, der hängt der Welt an und erwartet nicht ein besseres Leben. Aber der Gläubige freut sich in den Widerwärtigkeiten, weil er weiß, daß ein ehrenvoller Tod das unsterbliche Leben verleiht.

Es scheint jedoch kaum möglich zu sein, daß der Globus, der seiner Natur nach erdwärts geneigt ist, nicht auch so bewegt und (von der Bahn) abgebogen werde, und der eine noch mehr als der andere!

54 *Kardinal:* Das ist die Summe der Geheimnisse dieses Spieles: Wir sollen lernen, diese Neigungen und natürlichen Abbiegungen in tüchtiger (virtuoso) Übung so gerade zu richten, daß wir endlich doch nach vielen Abwandlungen (variationes) und unsteten Umläufen und Abbiegungen im Reiche des Lebens ruhen.

Du siehst nämlich, daß der eine den Globus auf die eine Weise antreibt, der andere auf andere Weise, während im Globus immer dieselbe Krümmung bleibt. Je nach dem verschiedenen Antrieb bewegt er sich und ruht er in verschiedener Weise. Und niemals ist es vor dem Stillstand sicher, wo er endlich ruhen werde. Wenn also einer sieht, wie der von jemand anders angetriebene Globus den Mittelpunkt fast erreicht, so richtet er sein Denken darauf, dessen Weise zu folgen. Er versucht es mehrfach und macht Fortschritte.

Johannes: Jeder Globus ist von eigener Art und anders gekrümmt als ein anderer. Es kann also nicht der eine dem andern folgen.

Kardinal: Das ist wahr: Keiner kann dem Pfade des andern genau folgen. Aber es ist notwendig, daß ein jeder die Neigungen seines Globus und die Leidenschaften beherrsche, indem er sich selbst übt. Auf solche Weise im Maß gehalten, muß er sich bemühen, den Weg zu finden, auf dem die Krümmung des Globus ihn nicht hindert, doch zum Kreise des Lebens zu gelangen. Das ist die mystische Kraft des Spieles, daß man durch tüchtige Übung auch den krummen Globus zu einer Regel bringen kann, so daß die Bewegung nach vielen unsteten Biegungen im Reiche des Lebens zur Ruhe kommt.

Johannes: Ich kann nicht leugnen: Während die 55
eine Wölbung des Globus gleichbleibt (una gibbositate stante), bewegt er sich doch immer verschieden entsprechend dem verschiedenartigen Antrieb von jedwedem, der ihn wirft. Und es kann ein und derselbe Globus von jedwedem nach Belieben in verschiedener Art angetrieben werden, so daß — obwohl der Umlauf stets gekrümmt bleibt — seine Bewegung dennoch verändert wird.

Trotzdem sagen wir — da er nicht immer im Mittelpunkt des Kreises stillsteht, wohin ihn doch jeder Spie-
159r ler|bringen will, und da der eine von den Spielern ihn jetzt ganz nahe an den Mittelpunkt placiert, aber später, wenn er dieselbe Absicht hat, der Globus weit vom Mittelpunkt abweicht —: es sehe so aus, als ob der Globus nicht nur nach der Absicht des Stoßenden, sondern auch nach dem Glückszufall bewegt werde.

Kardinal: Glückszufall kann man das nennen, was so außerhalb der eigentlichen Absicht herauskommt[101]. Und da jeder Spieler nach dem Mittelpunkt des Kreises zielt, ist es nicht Glück, wenn er ihn berührt hat. Es steht auch nicht in unserer Macht, daß unser Wille erfüllt werde. Wenn nämlich der Globus rollt, sind wir gespannt zu sehen, ob er den Mittelpunkt erreicht. Und wir möchten ihm helfen — wenn wir nur könnten —, damit er endlich dort zur Ruhe komme. Weil wir ihm aber unterwegs nicht helfen können[102] und ihm nicht den dazu notwendigen Antrieb gegeben haben, können wir mit unserer hinzukommenden Bestrebung den Lauf, den wir ihm auferlegt haben, nicht im Maße halten — so wie einer, der angefangen hat, bergab zu laufen, wenn er einmal in schneller Bewegung ist, sich nicht halten kann, auch wenn er es wollte.

56 Man muß sich also um den Ursprung der Bewegung kümmern. Darum läßt eine schlechte Gewohnheit, die ja eine Bewegung ist, nicht zu, daß jemand Gutes tue, wenn er sie nicht ablegt und in einer guten Gewohnheit die Bewegung der Tugend annimmt (ponat). Diejenigen, welche übel laufen, dürfen also auch, wenn sie während des Laufens Reue empfinden, nicht irgendeiner Vorbestimmtheit (dispositioni), die man gewöhnlich Schicksal oder Mißgeschick nennt, zuschreiben, wenn sie ihren Lauf schlecht beenden, sondern sich selbst, die sie sich unberaten da hineingestürzt haben.

Du siehst nun wohl, daß du den Globus in Bewegung setzest, wann du willst und wie du willst. Sogar wenn die Konstellation des Himmels besagte, der Globus müsse still stehen bleiben, wird der Einfluß des Himmels deine Hände nicht festhalten, daß du nicht doch, wenn du willst, den Globus bewegest. Denn das Reich eines jeden ist frei — wie auch das Reich des Alls, in welchem ja auch Himmel und Sterne enthalten sind. Die gibt es auch in der kleineren Welt, aber auf menschliche Weise.

Johannes: Demnach muß also jeder auch die Unglücksfälle nur sich selbst zuschreiben! 57

Kardinal: So ist es im Moralischen und bei den Werken, die dem Menschen als solchen eigentümlich sind. Niemand nämlich ist lasterhaft, es sei denn durch eigene Schuld.

Johannes: Warum sagt man dann, das Geschick (fortuna) sei allmächtig?

Kardinal: Das sagte ein Dichter, der wußte, daß die Platonischen Philosophen es so behaupten. Denn diese sprechen vom Geschick als der Ordnung und Veranlagung (dispositio) aller Dinge in ihrem eigentümlichen Sein. Und sie nennen es Notwendigkeit der Verknüpfung, weil nichts dieser Veranlagung widerstehen kann[103]. Diese Veranlagung und dieses Geschick werden auch weder widrig noch günstig genannt, außer so viel es uns angeht und gemäß der Entfaltung der Dinge im Handeln und Wirken. So z. B. verhält sich die Veranlagung und Ordnung des Menschseins so[104], daß alles so wird, wie es wird; andernfalls würde es kein Mensch werden. Es ist also eine unausweichliche Notwendigkeit, der nichts widerstehen kann, darum allmächtig. Da aber Sokrates und Platon als wirkliche Menschen ungleich sind, kommt das nicht so heraus[105], denn Geschick oder Ordnung und Veranlagung sind nur insofern günstig und widrig, als sie diese Menschen angehen, von denen der eine im Hinblick auf den anderen Glück erlangt.

Aber dieses Geschick, das oben Weltseele genannt 58
wurde, bestimmt auch in unserem Reiche nicht das, was dem Menschen zugehört. Denn ein jeder Mensch hat die Freiheit der Entscheidung, nämlich zu wollen und nicht zu wollen, da er die Tugend und das Laster erkennt (und weiß), was anständig — was unanständig, was gerecht und was ungerecht, was lobenswert —

was tadelnswert, was ruhmvoll — was schändlich ist, daß man das Gute wählen und das Böse verabscheuen muß. Denn in sich hat er den König und Richter über diese Dinge. Weil die Tiere das alles nicht wissen, gehört es also dem Menschen als solchem zu.

Und hierin ist das edle Reich keineswegs dem All oder einem anderen Geschöpf unterworfen, wohl aber in den äußeren Gütern, die man zufällige nennt, von denen der Mensch nicht so viel, wie er will, haben kann; denn sie unterstehen dem freien Willen nicht so wie die vorgenannten unsterblichen Güter, die dem Willen unterworfen sind. Denn wenn sie will, findet und erwählt[106] die unsterbliche Seele frei die unsterblichen Tugenden, ihres eigenen Lebens geistige Speise[107] — so wie die vegetative Seele des Körpers die für sie passende körperliche Nahrung.

Und obwohl es unmöglich ist, solange der Globus sich bewegt, vorauszuwissen, in welchem Punkte er ruhen werde, und da er ja nicht schon deswegen, weil er irgendwann einmal in den Kreis eintritt, auch immer im Kreis zur Ruhe kommt, so könnte man doch aus Gewohnheit und fortwährender Übung in wahrscheinlicher Mutmaßung voraussehen, daß der Globus im Kreise zur Ruhe gelangen werde. Schwieriger jedoch ist zu sehen, in welcher bestimmten Ordnung, und ganz unmöglich, in welchem Punkte.

Dem irdischen Menschen also und seiner Pilgerschaft ist der Globus, der einen schweren Körper und
eine zur Erde|geneigte Seite hat, und seine Bewegung, 159v
da sie durch den Antrieb des Menschen zustande kommt,
59 irgendwie ähnlich. Denn die menschliche Bewegung kann sich nicht in der Rechtheit halten, wegen ihrer Erdgebundenheit weicht sie schnell davon ab, unbeständig und immer verschiedenartig schwankend.

Gleichwohl kann sie doch durch die Übung der Tugend ihren Umlauf im Kreise beenden.

Und Gott, der in der Bewegung gesucht wird, hilft dem guten und beharrlichen Streben und vollendet den guten Willen. Er selbst ist es nämlich, der den Gläubigen leitet und zum Vollkommenen führt und in seiner allmächtigen Güte das Unvermögen dessen, der auf ihn hofft, ergänzt. Der Christ also, der alles tut, was bei ihm steht, wird, wenngleich er fühlt, daß sein Globus unbeständig läuft, doch auf Gott vertrauen und nicht zuschanden werden. Denn Er verläßt nicht die auf ihn hoffen.

Und das ist das Geheimnis dieses Spieles, das ich 60
jetzt für eine so kurze Stunde genügend erklärt habe, damit du aus diesem Wenigen Vieles herausziehst und in der Bewegung fortschreitest, auf daß wir endlich beide im Reiche des Lebens mit Christus, unserm König, glücklich die Ruhe erlangen; wenn er es verleiht, der allein mächtig ist[108] und in alle Ewigkeit gepriesen. Amen.

Unterredner: Albert[1]*, der jugendliche Herzog von Bayern, und der Kardinal Nikolaus.*

Albert: Du weißt, Vater, daß ich voll Vertrauen hergekommen bin, um mit unserem Papste Pius und mit dir und den anderen Kardinälen näher bekannt zu werden und voranzukommen. Als ich jetzt den erlauchten Herzog Johann, meinen lieben Bruder, in dieser Stadt traf und sah, wie er nach den Gesprächen in freundschaftlicher Gemeinsamkeit sich der Lektüre des Buches vom Globusspiel hingab, da habe ich ebenso das Spiel wie das Buch bewundert und mich bemüht, etwas davon zu begreifen, wie es meiner jugendlichen Fassungskraft gegeben ist.

Es schien mir aber, daß du nicht den mystischen Sinn der Kreise des Lebensbereiches erklärt habest. Ich bitte also deine Güte, blicke nicht geringschätzig auf meine Unfähigkeit vor einem so großen Mysterium. Wenn ich dann gelehrter geworden bin, werde ich mich dessen erinnern, was ich gehört habe, und durch Gottes Gnade werde ich vorankommen.

Kardinal: Dich mit deinem Bruder Wolfgang an diesem Orte zu sehen, ist mir eine große Freude. Denn dein Vater Albrecht, der erlauchte Pfalzgraf und Herzog von Bayern, war mir viele Jahre lang besonders verbunden, und er hat dies gezeigt[2]. Einen so großen Freund in erlauchten, sehr gut und edel gebildeten und erzogenen Söhnen fortleben zu sehen, ist überaus erfreulich für mich. Gerne will ich darum mitteilen, was nur möglich ist.

Du fragst bei dem Globusspiel nach etwas, das du, wenn du es gehört hast, wahrscheinlich nicht wirst genau durchdenken (discutere) können, weil dem deine Jugend entgegensteht. Aber du wirst staunen und mit einer gewissen Gewaltsamkeit dir sehr hohe Dinge einverleiben. Sie sollen dich geschickt machen, daß du besser fliegen kannst zu allem, was man zu wissen vermag. Es ist aber notwendig, daß du das Auge des Geistes öffnest und den Blick vollständig erhebst, damit du das, was ich sagen werde, mehr siehst als hörst.

Albert: Ich will alles tun, soweit Natur und Begabung es zulassen.

Kardinal: Das Geheimnis der Kreise: um es zu 62
erfassen, mußt du in deinem Gedächtnis folgenden Grundsatz befestigen: *„Zu dem, was in allem ist und in dem alles ist, kann es nichts Größeres oder Kleineres geben; deshalb ist es das Vorbild von allem."*

Albert: Ich habe diesen Grundsatz schon fest im Gedächtnis, aber damit der Geist seine Wahrheit sehe, ist eine Erklärung vonnöten.

Kardinal: Eine kurze wird genügen. Denn *wie* sollte etwas kleiner sein als das, was *in* allen Dingen ist, oder *wie* etwas größer als das, *worin alle* Dinge sind? Wenn von allen Dingen also keines weder kleiner noch größer ist als dies, dann ist es notwendig, daß alle Dinge die Abbilder dieses einen Vorbildes sind.

Albert: Du hast es in der kürzesten Weise erklärt. Denn ich sehe ganz gewiß: Da das Abbild nichts hat, es sei denn von seinem Vorbilde, und es auch nur *ein* Vorbild aller Dinge gibt, so ist dieses in allen Dingen, und alle Dinge sind in ihm. Es ist ein klarer Erweis; nachdem ich die Einheit des Vorbildes von allen verschiedenartigen Abbildern gesehen habe, hast du mich nun zu einer erhabenen Schau geführt.

Kardinal: Du erblickst gut mit dem Geiste, daß das Abbild nicht sein kann, wenn nicht das Vorbild in ihm ist.

Albert: Ganz gewiß.

Kardinal: Auf welche Weise aber ist das Abbild 63
Abbild, wenn es nicht *in* ebendiesem seinem Vorbilde

ist? Denn wenn das Abbild außerhalb seines Vorbildes ist, wie bleibt es dann noch Abbild?

Albert: Nichts hindert, daß ich nicht auch dieses einsehe. Denn es ist durchaus notwendig, daß das Abbild in seinem Vorbild enthalten ist, anders wäre es kein wahres Abbild. Deshalb sehe ich vollkommen ein, daß das Vorbild notwendigerweise im Abbilde ist und das Abbild im Vorbild enthalten ist oder in ihm ist.

Kardinal: Das Vorbild ist also das, was in allen Abbildern ist und worin alle Abbilder sind. Kein Abbild ist also kleiner oder größer als das Vorbild. Darum sind alle Abbilder Abbilder des einen Vorbildes.

Albert: Ganz wahr. Ich sehe, daß es so ist.

64 *Kardinal:* Es ist auch nicht wegen der Vielheit der Abbilder notwendig, daß viele Vorbilder daseien[3], denn eines genügt für unendlich viele. Dem Wesen nach geht nämlich das Vorbild dem Abbild voraus, und (ebenso) ist die Einheit, welche das Vorbild von aller abgebildeten Vielheit ist, vor aller Vielheit.

Und selbst wenn mehrere Vorbilder da wären, so
würde darum doch die Vorbild-Einheit notwendig jener
Mehrheit vorausgehen.|Es wären also jene vielen Vor- *161r*
bilder nicht in gleicher Weise erste Vorbilder, sondern
Abbilder des einen ersten Vorbildes. Es kann also nur
ein erstes Vorbild sein, das in allen Abbildern ist und
in dem alle Abbilder sind.

Albert: Du hast mir jetzt gezeigt, was ich zu sehen wünschte. Denn nichts steht mir entgegen, daß ich nicht sehe: die Einheit ist der Ursprung aller Vielheit. Und daraus ersehe ich die Einheit des Vorbildes für alle Abbilder.

65 *Kardinal:* Ich sagte, daß die Einheit das Vorbild ist für alle Zahlen, oder anders ausgedrückt, für jede Mehrheit oder Vielheit. In jeder Zahl siehst du

nämlich die Einheit und jede Zahl in der Einheit enthalten. Denn jede Zahl ist eins: der Zweier, Dreier, Zehner und überhaupt alle, jeder ist eins als Zahl. Und es könnte nicht eine jede Zahl *eine* sein, wenn die Einheit nicht in ihr sein würde und wenn nicht sie selbst in der Einheit zusammengehalten wäre.

Albert: Bis jetzt habe ich noch nicht darauf geachtet, als mir der Zehner größer schien als die Einheit und also nicht in der Einheit enthalten. Aber jetzt sehe ich den Zehner, daß er, weil er einer als Zehner ist, dies nur sein kann, wenn er in der Einheit zusammengehalten wird[4].

Kardinal: Du mußt auch darauf achten, wie die Einheit weder kleiner noch größer sein kann. Daß sie nicht kleiner sein kann, gibst du sofort zu. Das nicht-größer-sein-Können siehst du auch, wenn du beachtest, daß das, was größer ist als eins, nichts eins wäre. (Dann bemerkst du) auch, daß es sich ebenso verhält beim Zehner, den du, wenn er vermindert oder vermehrt ist, nicht als Zehner siehst. Dies aber hat jede Zahl von der Einheit, weil die Zahl Abbild der Vorbild-Einheit ist.

Albert: Der Grundsatz, den du voranstelltest, scheint der Schlüssel zum Eintritt in das Verständnis verborgener Dinge zu sein, wenn der Forschende ihn richtig anwendet.

Kardinal: Die Anwendung ist auch nicht schwierig. 66
Denn wenn ich dich in der richtigen Reihenfolge frage, wirst du allein durch die Befragung zur Schau der Wahrheit geführt. So z. B. frage ich dich: Ob du alles, was du siehst, für etwas Existierendes hältst[5]? Ich glaube, du wirst sagen, daß es alles existiert.

Albert: Sofern es etwas ist, muß es existieren.

Kardinal: Ist in dem, was besteht (in existentibus), nicht das Sein selbst?

Albert: Ja gewiß. Denn sonst, wenn in ihm nicht das Sein selbst wäre, wie sollte es wohl bestehen?

Kardinal: Nicht wahr, das, was besteht, besteht doch im Sein selbst?

Albert: Außer dem Sein selbst würde es jedenfalls nicht bestehen.

Kardinal: Das Sein aller Dinge ist also in allem, was besteht, und alles, was besteht, besteht im Sein selbst.

Albert: Ich sehe nichts Gewisseres, als daß auch das Sein selbst das einfachste Vorbild von allem Bestehenden ist.

Kardinal: Das ist das absolute Sein, das wir im Glauben kennen als Schöpfer aller Dinge, die da sind[6].

Albert: Wer würde nicht sehen, daß, was du gesagt hast, sich tatsächlich so verhält?

Kardinal: So siehst du im Beseelten die Seele und zugleich ebendies Beseelte in der Seele. Und im Gerechten die Gerechtigkeit und den Gerechten in ihr, ebenso wie im Weißen die Weißheit und das Weiße in ihr. Und allgemein im Zusammengezogenen[7] das Absolute und dasselbe Zusammengezogene im Absoluten; die Menschheit im Menschen und ihn (wiederum) in der Menschheit.

67 *Albert:* Ich sehe gewiß, daß dies alles so sein muß, aber die Vorstellung faßt nicht, wie das geschieht. Wer vermöchte denn zu begreifen, daß das eine im anderen und dies andere in demselben einen ist?

Kardinal: Das ist darum unvorstellbar, weil die Vorstellungskraft auf das Größenhafte begrenzt ist. Denn an das, was nicht größenhaft ist, reicht die Vorstellung nicht heran. Und so faßt die Vorstellung, wenn sie sich auf den Ort, der immer eine Größe hat[8], richtet, nicht, daß das Enthaltende im Enthaltenen sei. Es scheint ihr, wie wenn jemand sagen würde, daß ‚irgendeiner im Hause sei' wäre daß ‚das Haus in ihm sei'. Aber das

Auge des Geistes, das auf das Einsichtige (intelligibilia) hinblickt, was über der Vorstellung ist, kann nicht bestreiten, daß es im Sein selbst, das über der Vorstellung ist, alles, auch die Vorstellung, enthalten sieht. Und wenn das Sein selbst[9] nicht im Enthaltenen wahr wäre, dann würde dieses gar nicht sein.

Albert: Ich sehe, daß das durchaus wahr ist, und es stößt mir ein handgreifliches Beispiel dafür auf. Alles, was von den Sinnen und von der Vorstellung erreicht wird, ist an der Substanz und heißt Akzidens. Und wenn die Akzidentien nicht durch die Substanz zusammengehalten (continerentur) würden, würden sie nicht bestehen. Es ist also notwendig, daß das, was jene Akzidentien zusammenhält, inwendig in den Akzidentien sei und zugrunde liege, damit jene in ihm bestehen. Die Substanz der einsichtigen Natur also, die über den Sinnen und der Vorstellung besteht, enthält (continet) alle Akzidentien und besteht in dem
161v Enthaltenen. Das Sein des Akzidens | im Zugrundeliegenden, d. i. in der Substanz, ist nichts anderes als das Sein der Substanz in den Akzidentien. Und ich sehe ganz besonders, daß das wahr ist, weil die Akzidentien im Zugrundeliegenden oder in der Substanz nicht gleichsam wie im Raume sind; denn der Raum ist nicht Substanz, sondern Akzidens.

Kardinal: Ich freue mich, daß du einen gesunden Geistesblick hast. Und wenn du diese Spekulation auf die denkende Seele ausdehnst, welche die Substanz aller ihrer Kräfte und Fähigkeiten ist, siehst du, daß sie diese enthält und in allen ihren Kräften und Fähigkeiten darin ist.

Albert: Ich fange an, den Geschmack dieser köstlichsten Wissenschaft zu kosten, und ich will mich in ihr üben, damit ich sie zum Besitz gewinne. Ich möchte dich aber nicht zu sehr bei dieser für mich notwendigen Abschweifung festhalten; du könntest nun wohl weitergehen in deinem Plane.

68 *Kardinal:* Jetzt, glaube ich, erfaßt du leicht dieses Reich der Lebendigen. Denn in jedem lebenden Wesen muß das Leben sein und das Lebende in ihm (dem Leben). — Das Leben all dieser Christusförmigen, d. h. derer, die im Reiche der Lebenden sind, verhält sich so: Das Leben, d. h. Christus, der gesagt hat „Ich bin das Leben“[11], ist in allen dort Lebenden, und diese Lebenden alle sind im Leben, das ist in Christus. Und darum ist das Leben Christi die Vorbildform aller dort Lebenden, welche von dieser Form die Abbilder sind.

Albert: Ich sehe wohl: es muß der lebendige Christ sich so verhalten, wie du sagst. Denn es muß in ihm das Leben Christi sein und er in diesem selben Leben.

69 *Kardinal:* Dies Leben des Reiches der Lebenden wird in der Figur (des Spielfeldes), die, wie du siehst, rund ist, dargestellt. Und wie die Kreise alle denselben Mittelpunkt haben, so sind die Kreise Darstellungen (figurae) der Rundheit.

Die Rundheit ist das Kreisen der dauernden und endlosen Lebensbewegung. In jedem Runden muß die Rundheit sein, damit dieses selbe Runde in ihr sei. Und daraus ergibt sich: Es kann weder die Kenntnis noch die Wesenheit des Runden oder Dauernden gewußt oder gehabt werden, wenn nicht vom Mittelpunkte her, um den die dauernde Bewegung sich dreht. Wenn der Mittelpunkt nicht existiert, kann weder die Dauerhaftigkeit noch die Bewegung des dauernden Lebens, welche in Gleichheit auf die Selbigkeit des Mittelpunktes bezogen ist, erkannt werden noch sein. Und so verhält sich auch der Mittelpunkt, welcher Christus ist, zu allen Kreisbewegungen.

Die Kreise stellen also diese Lebensbewegung dar. Und die lebhafteren Bewegungen werden durch die

Kreise bezeichnet, die dem Mittelpunkt, der das Leben ist, näher sind; es ist ja das Leben, das der Mittelpunkt ist, für den es weder ein Mehr noch ein Minder geben kann.

Denn in ihm ist alle Lebensbewegung enthalten, die außerhalb des Lebens[12] nicht sein kann. Wenn nämlich nicht in jeder Lebensbewegung das Leben wäre, würde sie keinesfalls lebendig sein. Die kreisförmige und mittelpunkthafte Bewegung aber ist das Leben der Lebenden. Je näher aber der Kreis dem Mittelpunkt ist, um so schneller kann er sich herumdrehen. Derjenige also, der so Kreis ist, daß er zugleich auch Mittelpunkt ist, kann sich im gegenwärtigen Jetzt herumdrehen; er wird also unendliche Bewegung sein. Der Mittelpunkt aber ist ein fester Punkt. Jener Kreis wird also größte oder unendliche Bewegung und gleicherweise auch die geringste sein, wenn Mittelpunkt und Umfang dasselbe sind. Wir nennen sie das Leben der Lebenden, welches in seiner feststehenden Ewigkeit alle mögliche Lebensbewegung einfaltet[13].

Albert: Ich verstehe, daß du sagen willst, die Klein- 70
heit der Kreise stelle die geschwindere und lebhaftere Bewegung des Lebens dar, weil sie an den Mittelpunkt, der das Leben der Lebenden ist, näher herankommen. Aber sage mir, warum hast du neun Kreise gemacht?

Kardinal: Wir wissen, daß die einen bei der Bewegung des Denkens schnell und die anderen langsam sind, aber eben verschieden, wie wir es aus der Verschiedenartigkeit der Begabungen erfahren. Unter ihnen erfreuen sich gewisse Leute so großer Behendigkeit, daß sie den Gedankengang in kürzester Zeit durchlaufen. Andere sind langsamer und kommen kaum jemals in irgend etwas voran.

Christus, der das Leben ist, ist auch die Weisheit, d. i. köstliche (sapida) Wissenschaft. Die Wissenschaft in ihm erweist sich, weil sie köstlich ist, als lebendiges Erfassen. Das vernünftige Leben ist Erfassen der Weisheit oder der köstlichen Wissenschaft. Alle lebendig denkende Bewegung ist um dessentwillen, daß sie die Ursache ihres Lebens sehe und von solcher Weisheit sich unsterblich nähre. Und wenn sie dazu nicht gelangen kann, so lebt sie nicht, weil sie ja dann die Ursache ihres Lebens nicht erkennt.

71 Gott aber ist der Geber des Lebens, welchen niemand sehen würde, wenn nicht Christus, Gottes Sohn, ihn offenbarte. Das Offenbaren steht allein ihm zu, weil nur der Sohn den Vater als Vater offenbaren kann. Einer aber ist der Vater von Christus und von uns, der die Vaterschaft[14] selbst ist, die in allen Vätern ist, und in der alle Väter sind und behalten sind.

Damit du aber klarer diesen Offenbarer des Vaters siehst, so beachte, daß er die Wahrheit ist. Er sagte nämlich, er sei der Weg und die Türe, das Leben und
die Wahr|heit[15]. Eine sichere und wahre Offenbarung 162r
kann nur durch die Wahrheit geschehen. Die Falschheit aber irrt und führt vom Wege ab, sie, die dem lügenhaften Teufel, dem Verführer, zugeschrieben wird. — Die Gotteskindschaft in Christus offenbart sich selbst, weil sie Wahrheit ist. Und wer Christus wahrhaft sieht, sieht in ihm den Vater und ihn im Vater[16].

72 Die Kreise sind also die Stufen der Schau. In jedem Kreise wird der allen gemeinsame Mittelpunkt gegesehen, näher in den näheren, entfernter in den entfernteren Kreisen. Außerhalb seiner (des Kreises) wird — weil da der Mittelpunkt nicht gesehen werden kann, der ja nur im Kreise gesehen wird — das Leben der Lebenden oder das Licht der vernünftigen Leuchten nicht gesehen. Darum fehlt ihnen in der Finsternis und im Todesschatten[17] das Leben, ebenso wie das unver-

sehrte Auge im Dunkeln des Lebens ermangelt, weil für das Auge das Sehen das Leben ist; im Mangel des Lichtes kann es aber nichts sehen, wenn auch das Auge gesund ist. So ist es auch mit der Seele, obgleich sie unvergänglich ist: Wenn sie des offenbarenden Lichtes, das Christus ist, ermangelt, dann sieht sie nicht und kann sie auch nicht leben in vernünftigem Leben. Denn so wie die sinnliche Schau, damit sie wahr und lebendig sei, des offenbarenden sinnlichen Lichtes bedarf, so hat auch die vernünftige Schau das Vernunftlicht der Wahrheit nötig, wenn sie sehen oder leben soll. — Und weil im Zehner jede Zahl die Grenze hat, so habe ich den Aufstieg dargestellt durch neun Kreise hin zum zehnten, weil dieser ein solcher Kreis ist, daß er der Mittelpunkt ist.

Albert: Wenn ich auch nicht alles, was du so klar ge- 73
sagt hast, im Geschmack der Einsicht erfaßt habe, so habe ich doch gesehen, daß es wahr ist. Allein ich wundere mich, wieso Stufen entstehen mögen, da doch die Unendlichkeit des zentralen Lichtes sich in der freigebigsten Weise ergießt[18].

Kardinal: Dieses Licht ergießt sich nicht durch körperliche Räume wie das körperhafte Licht, das die näher gelegenen Räume mehr erleuchtet; sondern es ist ein Licht, das nicht im Raume eingeschlossen ist und durch nichts Entgegenstehendes behindert wird, so wenig wie das Nachdenken unseres Geistes. Die Dinge aber, die erleuchtet werden, können nicht anders als verschiedenartig sein, weil viele und mehrere ohne Verschiedenartigkeit nicht viele und mehrere wären. Sonst wären sie ja dasselbe. Die Aufnahme des Lichtes ist also in den verschiedenen Geistern verschieden, ebenso wie die Aufnahme des einen sinnlichen Lichtes; in verschiedenen Augen wird es auch verschieden aufgenommen, bei dem einen in wahrerer und erleuchteterer

Weise als bei dem anderen, je nach seiner Fassungskraft, die bei verschiedenen nicht gleich sein kann.

Es empfangen also die Christusförmigen das Licht der Herrlichkeit alle in genügender Weise, aber verschieden nach der Fassungskraft eines jeden. So ist es, wenn der Prediger des Evangeliums das eine Licht gleichmäßig auf die einzelnen Hörer ergießt; es wird dennoch nicht gleichmäßig von allen aufgenommen, da sie nicht von demselben Geiste und derselben Fassungskraft sind.

74 *Albert:* Weil nur ein Seliger im Reiche der Lebendigen ist, und selig allein derjenige ist, der das hat, was er begehrt, und es für die Sehnsucht nur eine einzige Ruhe gibt — nämlich in der bestmöglichen und vollkommenen Weise, mit der es geschehen kann, den Mittelpunkt seines Lebens zu sehen —, darum wundere ich mich darüber, daß du einige dargestellt hast als näher an den Mittelpunkt kommend, weil die Entfernteren es ja dann nicht in der bestmöglichen Weise auffassen.

Kardinal: Der selige Genuß wird dargestellt als Trinken des Lebensquells; und sehen und trinken ist da dasselbe. Es ist ein einziger lebendiger Brunnen, der den ganzen Bereich der Lebenden erfüllt, von dem ein jeder trinkt, soviel er durstig ist und begehrt. Es können aber nicht zwei in der gleichen Weise durstig sein und nach dem Trank verlangen. Wenngleich sie alle ganz genug trinken, soviel wie sie begehren, so doch nicht in der gleichen Weise, da sie ja nicht gleich durstig sind. Die Liebe macht dürsten, die Liebe, die auch bei den Verschiedenen verschieden ist. So stellte Christus das Reich durch ein Hochzeitsmahl dar, wo er einem jeden das kredenzt, was er begehrt[10]. Alle werden also satt, so viel sie verlangen und hungern, wenn auch die einen mehr und die anderen weniger nehmen.

Albert: Das gefällt mir; und ich sehe, daß es nicht 75
neun Kreise der Herrlichkeit, sondern unzählige sind, da ein jeder Selige seinen eigenen hat .

Kardinal: Obgleich es so ist, daß die ganze Breite des Lebensreiches vom Mittelpunkt bis zum Umfange reicht und man diese Breite[21] als Linie auffassen kann, die in sich unendlich viele ähnliche Linien vom Mittelpunkt zum Kreisumfang hat, und einen Mittelpunkt und Umkreis, der allen einzelnen gemeinsam ist, so ist dennoch jene unzählbare Menge von Umkreisen in neun Stufen geteilt. So nämlich werden wir durch jenes Reich, das mit der schönsten Ordnung geschmückt ist, stufenweise dorthin geführt, wo der allen gemeinsame Mittelpunkt und die besondere Kreislinie dasselbe sind, d. h. zu Christus. Dort nämlich ist der Mittelpunkt des Lebens des Schöpfers und die Kreislinie des Geschöpfes dasselbe. Denn Christus ist Gott und Mensch, Schöpfer und Geschöpf; und so ist er der Mittelpunkt aller seligen Geschöpfe.

Beachte aufmerksam, daß seine Kreislinie die Kreis-
162v liniennatur von allen Kreislinien[22],|d. h. von den der Vernunft fähigen Geschöpfen hat. Und weil er in personaler Selbigkeit mit dem Mittelpunkte von allen, dem Schöpfer, der Selbe ist, so ruhen alle Seligen, die durch die Kreislinien der Kreise dargestellt sind, in der Kreislinie Christi, die der geschaffenen Natur ähnlich ist, und erreichen das Ziel um der hypostatischen Union[24] willen, zu der es keine größere (d.h. innigere) geben kann.

Hieraus siehst du, daß Christus für alle, die selig werden sollen, so notwendig ist, daß ohne ihn niemand glücklich sein kann. Denn er ist ja der einzige Mittler, durch den man den Zugang haben kann zum Leben der Lebendigen.

76 *Albert:* Du hast große und schöne Dinge gesagt. Wenn doch nur die Feinde der Christen sie bedenken würden! Sie würden bald mit Christus und mit den Christen Frieden eingehen.

Und so wie ich kurz vorher von der Substanz und den Akzidentien gesprochen habe, so stößt es mir jetzt auf, daß man durch die neun Kreislinienbezeichnungen zum Mittelpunkt gelangt wie durch die neun Akzidentien zur Substanz.

Kardinal: Die Zahl ist die Unterscheidung , nämlich als Unterscheidung des Einen vom Anderen: durch das Eine oder das Andere oder das Dritte und so fort bis zum Zehner, wo stehen geblieben wird; deshalb hat auch dort jede Zahl ihre Grenze. — So werden auch die Akzidentien nach neun allgemeinsten Gattungen unterschieden und tragen bei zur Erkenntnis der Washeit oder der Substanz, nämlich durch ein Akzidens oder zwei oder drei oder vier oder fünf oder sechs oder sieben oder acht oder neun, wo die Zahl voll ist, welche in der Einheit des Zehners zusammengefaltet ist.

Das Zählen ist Unterscheiden. Die Dinge werden aber am meisten durch die Substanz unterschieden und die Substanzen durch die Quantität, die Qualität und die anderen Akzidentien, welche in den neun Gattungen der Akzidentien entfaltet[26] sind. Um nun also die vollständige Unterscheidung zu bezeichnen, habe ich eine solche Darstellung gemacht.

77 *Albert:* Ich habe gehört, daß auch die Engel sich in neun Chören unterscheiden.

Kardinal: Die Engel sind geistige Kräfte (intelligentiae); und weil sie verschiedenartig sind, so muß ihre geistige Schau und Unterscheidung durch Ordnungen und Stufen von der untersten bis zur höchsten — welche Christus und „Künder des großen Ratschlusses“[27] heißt — nach der Weise der Vernunft unterschieden werden. Daraus ergeben sich drei Ordnungen und in einer jeden drei Chöre. Und Endpunkt ist der Mittelpunkt, so wie der Zehner der Endpunkt der neun (Zahl-) Glieder ist.

Die erste Ordnung ist dem Mittelpunkt näher; es sind Geister von schauender Vernunft (intellectibilium), welche mit einfacher Schau in den Mittelpunkt oder das allmächtige Vorbild alle Dinge ohne Aufeinanderfolge — weder zeitliche noch naturbedingte — und alles zugleich erfassen. Sie sind Gehilfen bei der göttlichen Majestät, von der sie die Kraft haben, daß sie so alle Dinge sehen.

Denn so wie Gott von sich aus diese Unterscheidung hat, daß er in seiner Einfachheit alles zugleich anschaut, weil er in seinem Erkennen (intelligens) Ursache ist, so gibt er diesen Gehilfen-Geistern, daß sie in göttlicher Einfachheit alles zugleich sehen. Darum werden diese auch, obgleich sie geschaffen sind, ewig genannt, weil sie alles zugleich erfassen.

Die andere Ordnung ist die der geistigen Kräfte (intelligentium), die alles zugleich erfassen, aber nicht ohne die naturbedingte Aufeinanderfolge, d. h. so wie das eine aus dem andern sein natürliches Hervorgehen hat. Und obzwar sie ohne zeitliches Aufeinanderfolgen erkennen, so kommt doch — da sie nicht ohne natürliche Ordnung erkennen können — eine gewisse Abschwächung der Erkenntnis in sie hinein. Daher heißen sie nicht wie die Geister der schauenden Vernunft (intellectibiles) ewig, wohl aber immerwährend, weil sie in der natürlichen Ordnung und Aufeinanderfolge erkennen.

Die dritte Ordnung heißt verstehend (rationalis), weil diese Engel, obgleich ihr Erfassen auch ein sicheres ist, doch weniger vollkommen erkennen als die andern.

78 Die erste Ordnung hat drei Chöre, welche den göttlichen Willen — obzwar in verschiedener Weise — schauen und seine Unterscheidung nachahmen.

Die drei der Einsicht mächtigen Chöre aber erfassen den göttlichen Willen in den Geistern der schauenden Vernunft[28]. Und die drei verstehenden Chöre schauen in den der Einsicht mächtigen den göttlichen Willen an.

Neun Ordnungen sind es also; und Gott, der alle in sich einschließt und zusamenhält, wird gleichsam als Zehner dargestellt. Es hat also eine jede von den neun Ordnungen ihre Theophanie oder Erscheinung des Göttlichen, und Gott hat die zehnte, von der alles andere ausfließt.

So sind es auch zehn verschiedene Gattungen von Unterscheidungen, nämlich jene göttliche, die im Mittelpunkt und in der Ursache aller Dinge dargestellt ist, und die anderen neun in den neun Chören der Engel. Und es sind nicht mehr, weder Zahlen noch Unterscheidungen. Daraus ist es klar, weshalb ich das Reich des Lebens so dargestellt habe und den Mittelpunkt dem Lichte der Sonne entsprechen ließ und die drei nächsten Kreise feurig gemalt habe, die andern ätherisch | und 163r
drei gleichsam wässerig, welche im Erdschwarzen enden.

79 *Albert:* Wenn der Zehner das ist, was alle Unterscheidung in sich einfaltet, warum bleibt dann der Hervorgang (progressio) schon beim Vierer stehen? Denn es werden nur vier Ursachen oder Gründe genannt und vier Elemente und vier Jahreszeiten und so weiter.

Kardinal: Wenn du vom größten äußeren Kreise bis zum kleinsten inneren und zentralen Kreise zählst, indem du zuerst sagst „einmal eins“ und dann *weiter*zählend „zweimal eins“, danach „dreimal eins“ und schließlich „viermal eins“, so wird der Vierer am Mittelpunkte enden. So siehst du, daß eins und zwei und drei und vier zusammen zehn machen. Deshalb hat der

Hervorgang im Vierer sein Ende, da es keine Unterscheidung noch Zahl gibt, welche in ihm nicht zu finden wäre.

Dennoch siehst du in der Zahl nichts außer Einem[29]. Und es ist nicht und kann nicht etwas sein außer dem einen Einen. Viele sind nicht Eines. So siehst du ja auch in allen Kreisen nur den Kreis in seiner einen Wesensbestimmtheit (unius rationis), wenn auch die Kreislinie des einen mehr Abstand vom Mittelpunkt hat als die des anderen. Das kommt bei vielen notwendigerweise so heraus, weil es nicht möglich ist, daß viele Kreislinien den gleichen Abstand vom Mittelpunkt haben.

Es folgt der Vielheit also die Andersheit. Und wenn auch in allen seienden Dingen nur die eine Seinsheit ist und alle seienden Dinge in ihr sind, welche Gott ist[30], so daß es zum Unterscheiden von allen Seienden als solchen nur nötig ist, die Unterscheidung der einen Seinsheit zu haben, so ist doch — weil der Vielheit die Andersheit folgt — zur Unterscheidung aller seienden Dinge als vieler die Zahl als Unterscheider der Andersheit notwendig; denn ohne sie kann das eine nicht vom anderen unterschieden werden.

Albert: Dann erkennt Gott also nicht die seienden 80
Dinge? Erkenntnis ist ja Unterscheidung, welche ohne Zahl nicht möglich zu sein scheint.

Kardinal: Das Erkennen Gottes ist Sein[31]. Das Sein Gottes ist Seinsheit. Das Erkennen Gottes ist das Sein der göttlichen Seinsheit in allen seienden Dingen[32]. Unser Geist ist in den Dingen, die er erkennt, nicht so wie Gott, welcher erkennend schafft und bildet. Vielmehr unterscheidet unser Geist in seinem Erkennen die geschaffenen Dinge, so daß er mit seiner begrifflichen (notionali) Kraft alles umgibt. So wie Gott die Vorbilder von allem in sich hat, so daß er alles bilden kann, hat der Geist die Vorbilder von allem so in sich, daß er alles erkennen kann.

Gott ist die schöpferische Kraft. Mit dieser Kraft läßt er alle Dinge in Wahrheit das sein, was sie sind, weil er selbst die Seinsheit der seienden Dinge ist. Unser Geist ist begriffliche Kraft. Durch diese Kraft läßt er alle Dinge begrifflich sein. Darum ist die Wahrheit sein Gegenstand; und wenn er diesem Gegenstande seinen Begriff (conceptum) ähnlich macht, so hat er alles in der Erkenntnis, und da heißt es ‚Gedankenwesen' (entia rationis). Denn der Stein ist in der Erkenntnis des Geistes nichts real Seiendes, sondern etwas Gedankliches.

Du siehst also, daß Gott nicht der Zahl bedarf, um zu unterscheiden; unser Geist aber unterscheidet ohne Zahl nicht die Andersheiten und Verschiedenheiten der Dinge.

81 *Albert:* Erschafft der Schöpfer nicht auch die Andersheit? Wenn ja, dann jedenfalls unterscheidet er — da er nicht erschafft, was er nicht auch erkennt, die Andersheit aber ohne Zahl nicht erkannt wird — doch mit der Zahl!

Kardinal: Alles erschafft Gott, auch das der Andersheit und der Veränderung und dem Vergehen Ausgesetzte, doch die Andersheit und die Veränderlichkeit und das Vergehen erschafft er nicht. Da er die Seinsheit selbst ist, schafft er nicht den Untergang, sondern das Sein. Daß aber die Dinge untergehen oder anders werden, das haben sie nicht von dem Erschaffenden, sondern das trifft sich so[32a]. Gott ist die Wirkursache von der Materie, aber nicht von der Beraubung und von der Entbehrung, wohl aber von der Gelegenheit oder der Möglichkeit, welcher die Entbehrung folgt, so daß die Gelegenheit nicht ohne die Entbehrung ist, die zu ihr im Verhältnis der Kontingenz steht[33].

Das Übel also und das Sündigenkönnen[34] und das Sterben und Anderswerden sind nicht Schöpfungen Gottes, welcher die Seinsheit ist. Die Andersheit[35] kann also nicht aus der Wesenheit von irgendetwas stammen, weil weder die Seinsheit in ihr noch sie in der Seinsheit ist[36]. Die Andersheit stammt auch nicht aus der Wesenheit des Zweiers, obgleich durch ebendies, daß es den Zweier gibt, das Hinzutreten der Andersheit zustande kommt[37].

Denn so wie mehrere Erbsen, die man mit einem einzigen Wurf auf den ebenen Boden hinwirft, sich so verhalten, daß keine Erbse sich in der gleichen Weise wie die andere bewegt oder auch still steht und Ort und Bewegung einer jeden anders sind, so stammt doch diese Andersheit und Verschiedenartigkeit nicht von dem, der sie alle gleichzeitig in der gleichen Weise wirft, sondern aus dem Zufallenden (ex contingenti). Denn es ist nicht möglich, daß sie sich in der gleichen Weise bewegen oder an demselben Orte stillstehen.

Albert: Ist es nicht Sache der Seinsheit zu einen und 82
zu verknüpfen?

Kardinal: Freilich!

Albert: Was verknüpft werden soll, muß aber verschieden, anders und geteilt sein!

Kardinal: Obwohl Gott, der die Verknüpfung[38] ist,
163v nicht die Ursache der Teilung ist, so ist er doch der| Schöpfer alles Verschiedenartigen und Geteilten. Die Verknüpfung ist vor der Teilung, weil ja die Teilung die Einung voraussetzt. Es verknüpft also die Einheit, die die Seinsheit ist, das Unterschiedene und Geteilte zu einer zusammenstimmenden Harmonie.

Denn mehrere als mehrere haben das Sein nur, sofern sie verknüpft sind. Die Verknüpftheit (connexio) geht aus der Einheit und der Gleichheit hervor. Mehrere haben es also nicht von der Einheit oder Seinsheit, daß sie nicht sind — nämlich als mehrere[39]. Weil viele aber nur als je andere und geteilte sein können, deshalb sind sie, damit sie in der Einheit das Bestehen haben, durch die Seinsheit, welche Gott ist, verknüpft, und zwar durch die Verknüpfung, welche von Natur früher ist als die Teilung.

Wenn du also scharf hinschaust, siehst du, daß die Seinsheit diese selbe Einheit ist, die aus sich die Gleichheit zeugt. Aus ihnen geht die Verknüpfung hervor, welche die Verknüpfung von der Einheit und Gleichheit ist. Die Gleichheit kann aber nur die von unterschiedenen gleichen Personen sein[40], die vor aller Ungleichheit und Andersheit ist. Wenn wir daher auf die Vielheit der Geschöpfe des einen Weltalls blicken, finden wir in ihnen die Einheit, die die Seinsheit von allem ist, und die Gleichheit der Einheit.

Denn in gleicher Weise hat alles die Seinsheit[41], da das eine Seiende nicht mehr noch weniger seiend ist als das andere. In diesen allen und in jedem einzelnen ist die ganze Seinsheit in Gleichheit. Sie sind darum zu Einem verknüpft, weil in allem und jedem einzelnen die Verknüpfung der Seinsheit und Gleichheit ist[42], welche aus der Einheit und Gleichheit hervorgeht. So siehst du, daß die erste Ursache eins ist, weil sie die erste ist, und auch dreifaltig, weil sie Einheit, Gleichheit und Verknüpfung ist.

Und wenn dies nicht wahr wäre, dann wäre diese Ursache nicht die Seinsheit der seienden Dinge. Also kann Gott, weil er der Schöpfer ist, nur dreifaltig und zugleich einer sein. Die Welt ist also geschaffen, damit in ihr der Schöpfer als dreifaltiger und einer gesehen werde. Er wird Vater genannt, weil er die Einheit ist, welche die Seinsheit ist, Sohn, weil er die Gleichheit der Einheit ist — denn die Einheit, welche die Seinsheit ist, zeugt die Gleichheit, welche die Gleichheit des

Seins ist —, und Heiliger Geist, weil er die Verknüpfung oder Liebe von Einheit und Gleichheit ist, wie wir das anderswo weitläuftig erklärt haben[43].

Albert: Das braucht öfteres Wiederholen. Denn es sind nützliche und seltene Dinge. Ich werde sie hoffentlich in Zukunft besser auskosten. 83

Jetzt wende ich mich dem ganz einfachen Mittelpunkt zu und sehe, daß er Ursprung, Mitte und Ende aller Kreise ist. Denn seine Einfachheit ist unteilbar und ewig; sie faßt alles in ihrer unteilbaren und ganz bündigen Einheit zusammen. Sie ist der Anfang der Gleichheit; denn wenn nicht alle Linien vom Mittelpunkte zur Kreislinie gleich sind, dann ist dieser jedenfalls nicht Mittelpunkt des Kreises. Die Unteilbarkeit des Mittelpunktes ist der einfache Anfang der Gleichheit. Und wenn die Einfachheit des Punktes (punctalis) nicht mit der Gleichheit verknüpft ist, so kann sie jedenfalls nicht Mittelpunkt des Kreises sein, zu dessen Wesenheit der gleiche Abstand von der Kreislinie gehört. So sehe ich Einheit, Gleichheit und die Verknüpfung von beiden im Punkte der Mitte (centrali).

Kardinal: Du dringst scharf ein. Wenn du das Wort 84
des Weisen[44] beachtest, der sagte, daß Gott ein Kreis ist, dessen Mittelpunkt überall ist, dann siehst du: Ebenso wie der Punkt in jedem Quantum überall gefunden wird, so auch Gott in allen Dingen. Es sind nicht etwa darum, weil der Geist den Punkt überall im Quantum findet, viele Punkte; ebenso sind es auch nicht viele Götter, obwohl Gott in jedem einzelnen gesehen wird.

Albert: Das fasse ich nicht gut. Erkläre bitte, wieso der Punkt nicht vervielfältigt wird, so daß es dann viele Punkte wären, obwohl er doch überall im Quantum gesehen wird.

Kardinal: Wenn du ein Blatt vollschreiben würdest und überall nur „eins“ schreiben, dann wäre jedenfalls, obwohl du überall „eins“ geschrieben sehen würdest, wahrhaftig deswegen doch nicht mehr als ein eins geschrieben[45]. Denn magst du auch vielmals an verschiedenen Stellen „eins“ schreiben, so wird eins davon doch nicht verändert und vervielfältigt[46].

Albert: Das ist sicher, daß ich dann nur das Schriftzeichen von „eins“ vervielfältigt habe, nicht eins selbst.

85 *Kardinal:* So wie[46a] der Geist die Weißheit in allen weißen Dingen sieht, es deshalb aber doch nicht viele Weißheiten gibt, so sieht er auch in allen Atomen den Punkt, es sind darum doch nicht viele Punkte. Das wirst du klarer einsehen, wenn du überlegst, daß das ganz einfache Eine alle Vielheit in sich einfaltet und daß es deshalb nicht vervielfältigt werden kann, weil es die Zusammenfaltung jeder Vervielfältigung oder Vielheit ist. Deshalb sieht man das Eine in jeder Vielheit, weil Vielheit nur die Entfaltung von Einheit ist. Und nun siehst du, daß man in gleicher Weise vom Punkte sprechen muß, der die Zusammenfaltung der Größe ist.

Albert: Daß es so ist, sehe ich.

86 *Kardinal:* Öffne nun folgerichtig den Blick deines Geistes. Du wirst sehen, daß Gott in jeder |Vielheit ist, 164r
weil er im Einen ist, und auch in jeder Größe, weil er im Punkt ist. Und daher steht fest, daß die göttliche Einfachheit feiner ist (subtilior) als das Eine und der Punkt, denen sie die Kraft der Zusammenfaltung von Vielheit und Größe gibt. Deshalb ist Gott noch mehr zusammenfaltende Kraft als die Kraft des Einen und des Punktes[47].

Albert: Freilich ist Gottes Einfachheit größer als die des Einen und des Punktes.

Kardinal: Also ist sie auch mehr zusammenfaltend, denn die zusammenfaltende Kraft besteht in der Einfachheit. Je mehr diese geeint ist, um so mehr ist sie auch einfach und zusammenfaltend[48]. Darum ist Gott, welcher die Kraft ist, zu der es keine größere geben kann, die am meisten geeinte und einfache Kraft, darum auch die am meisten vermögende und zusammenfaltende. Also ist er die Zusammenfaltung der Zusammenfaltungen.

Albert: Vollkommen wahr ist das, was du vorträgst.

Kardinal: Ein Seiendes also soll die Einfaltung von 87
allem Existierendem sein[49]. Dann siehst du aber, daß — weil kein Seiendes ist, wenn nicht die Seinsheit in ihm ist — es vollkommen gewiß ist, daß Gott, weil er die Seinsheit im Seienden ist, in allen Dingen ist. Und obwohl dieses Seiende in allem, was ist, gesehen wird, ist es doch nur *ein* Seiendes — so wie es vom Einen und vom Punkt gesagt wurde. Und dies, daß Gott in allen Dingen ist, besagt nichts anderes, als daß die Seinsheit in dem Seienden ist[50], das alle Dinge in sich zusammenfaltet. So hat es der sehr gut gesehen, der gesagt hat: Weil Gott ist, sind alle Dinge.

Albert: Dieser Schluß würde mir gefallen, wenn dem nicht entgegenstünde, daß Gott von Ewigkeit her gewesen ist, die Geschöpfe aber einen Anfang gehabt haben[51].

Kardinal: Du täuschest dich[52]. Du stellst dir nämlich vor, daß vor der Erschaffung der Welt Gott gewesen sei, nicht aber die Geschöpfe. Aber wenn du darauf achtest, daß es niemals wahr gewesen ist, zu behaupten, daß Gott gewesen ist, ohne daß auch die Geschöpfe gewesen sind [so siehst du, daß man nicht eigentlich sagen kann, Gott sei (zeitlich) vor den Geschöpfen gewesen][53]. Denn daß etwas ‚gewesen sei', bevor die Zeit existierte, ist nicht möglich, weil das Gewesensein der vergangenen Zeit angehört. Die Zeit ist Geschöpf der Ewigkeit. Sie ist nicht die Ewigkeit, die ganz zugleich ist, sondern ihr Bild, weil sie in der Aufeinanderfolge ist.

88 *Albert:* Warum nennt man die Zeit das Bild der Ewigkeit?

Kardinal: Wir erfassen die Ewigkeit nicht ohne die Dauer. Die Dauer können wir uns keinesfalls ohne Aufeinanderfolge vorstellen. Von hier aus bietet sich die Aufeinanderfolge, die zeitliche Dauer ist, an, wenn wir uns bemühen, die Ewigkeit zu begreifen. Aber der Geist sagt, daß die absolute Dauer[54], welche Ewigkeit ist, dem Wesen nach vor der Dauer der Aufeinanderfolge vorhergeht. So sieht man in der Dauer der Aufeinanderfolge, gleichsam im Bilde, die Dauer an sich selbst, wie sie losgelöst ist von der Aufeinanderfolge, so wie man im Bilde die Wahrheit sieht.

Albert: Die Vorstellung hilft also dem Geiste, der mit ihr verbunden ist.

Kardinal: Es ist ganz sicher, daß der Erkennende aus den Vorstellungsbildern die schauende Betrachtung von dem Unvergänglichen schöpft. Es sind aber die Vorstellungsbilder, die die Einbildungskraft bietet. Von da aus eilen die feinen Vorstellungen ziemlich schnell dem, der seine Schlüsse zieht und die Wahrheit sucht, zu Hilfe. Wenn unser Geist nämlich nicht der Hilfe der Vorstellungen bedürfte, um zur Wahrheit zu gelangen, welche die Vorstellung übersteigt, und die allein er doch sucht — gleich wie einer, der über den Graben springt, einen Stock braucht —, dann wäre der Geist in uns nicht mit der Vorstellung verbunden[55]. Soviel möge nun darüber gesagt sein.

89 *Albert:* Wie man sagt, hast du anderwärts ausführlicher darüber geschrieben[56]. Wenn wir uns nun den Kreisfiguren unseres Spieles wieder zuwenden, sage uns bitte, ob noch ein Geheimnis dabei übrig ist.

Kardinal: Es ist so viel, daß man es nicht hinreichend ausdrücken kann. Ebenso nämlich, wie wir es von der himmlischen Ordnung der guten Geister gesagt haben, findet der Betrachter auch vieles über die bösen abtrünnigen Geister und über ihren Fall. Denn von jedweder Ordnung und von jedwedem Chor sind einige Übertreter gefallen; und ihr Fall besteht darin, daß sie aus der Gewißheit der Wissenschaft in die Ungewißheit gestürzt sind[57]. Man kann auch noch betreffs der Unterscheidung der Himmel einiges herausfinden. Gewisse Heilige haben nämlich erfaßt, daß es den sichtbaren, den geistig erkennbaren (intelligibile) und den geistig erschaubaren (intellectuale) Himmel gibt, und in jedem eine dreifache Unterscheidung. So wird die Neunzahl der Himmel im Zehner vollendet, wo der Thron Gottes über den Cherubim ist.

Albert: Ich zweifle nicht daran, daß die Zahlen Unterscheidung sind und daß im Zehner jede Zahl und jede Unterscheidung enthalten sind. Aber die Dinge, die vom Menschen gezählt und unterschieden werden, haben von dieser Unterscheidung nicht das Sein, sondern nur das Unterschiedenwerden. Wenn sie nämlich nicht wären, wie sollte man sie dann unterscheiden? Es scheint darum eine schöne Betrachtung zu sein über die Kraft der Unterscheidung, die der Kraft nachsteht, welche das Sein gibt. Bitte füge sie noch an!

Kardinal: Ich will etwas davon berühren, um deinem 90
edlen Verlangen zu willfahren. Diese Unterscheidungs-
kraft wird in uns Verstandesseele (anima rationalis) ge-
nannt. Denn sie unterscheidet ja durch den Verstand.
Das schlußfolgernde Denken ist Berechnen und Zählen.
Denn mag auch die Seele durch das Gesicht das Sicht-
bare, durch das Gehör das Hörbare und ganz allgemein
164v durch das Sinnes|vermögen das Sinnliche erfassen, so
unterscheidet sie doch nur den Verstand. Denn wenn wir

mehrstimmig singen hören, erfassen wir die Stimmen mit dem Sinnesvermögen, die Unterschiede und die Zusammenklänge messen wir jedoch mit dem Verstand und durch Methode (disciplina).

Diese Kraft finden wir bei den Tieren nicht. Denn sie haben nicht die Kraft des Zählens und des Abstimmens im rechten Maße (proportionandi). Und darum sind sie für die musikalische Unterweisung unfähig, obwohl sie mit uns die Stimmen durch das Sinnesvermögen aufnehmen und durch den Zusammenklang der Stimmen in Entzücken geraten.

Unsere Seele wird also verdientermaßen Verstandesseele genannt, denn sie ist die schlußfolgernde oder zählende bzw. unterscheidende oder im rechten Maß abstimmende[58] Kraft, die in sich alles einfaltet, ohne das man keine vollkommene Unterscheidung machen kann. Denn wenn sie durch den Sinn des Gehörs in Entzücken gerät um des süßen harmonischen Zusammenklangs willen und die Seele dann in sich findet, daß der Wesensgrund des Zusammenklanges in zahlenmäßiger Proportion gegründet ist, dann hat sie die Methode gefunden, durch die Zahl den musikalischen Zusammenklang zu berechnen.

Man sieht also, daß die Seele diese lebendige Einheit ist, der Ursprung der Zahl, daß sie in sich die unterscheidende Zahl für alles einfaltet und aus sich selbst die Zahl entfaltet. Wie der lebendige Funken des unterscheidenden Lichtes breitet sie sich aus auf die Dinge, die sie unterscheiden will, und sie zieht sich zurück von dem, was sie nicht wissen will, — so wie sie das sinnliche Sehvermögen auf das Sichtbare hinwendet, das sie sehen will, und von dem Sichtbaren, das sie verachtet, abwendet.

91 *Albert:* Dies habe ich zu hören verlangt. Aber da du vorhin Gott die Einheit genannt hast und nun die Seele

als Einheit bezeichnest, so sage mir, wie ich das verstehen soll!

Kardinal: Gott ist jene Einheit, die auch Seinsheit ist, die alle Dinge so in sich einfaltet, wie sie sein können. Die Verstandesseele aber ist die Einheit, die alle Dinge so in sich einfaltet, wie sie erkannt und unterschieden werden können. In der Einheit, welche Gott ist, ist die Einheit der Verstandesseele eingefaltet, wie sie das, was sie ist, sein kann, wie sie nämlich Seele ist, die alles begrifflich in sich einfaltet. In der Einheit, die Gott ist, sind alle Dinge eingefaltet, wie sie sein und erkannt werden können, weil in Gott Einheit und Seinsheit dasselbe sind[59]. Und darum sind dort auch ebenso Sein und Erkanntwerden dasselbe.

Die Einheit aber, welche die Verstandesseele ist, ist nicht identisch mit der Seinsheit selbst, die Form des Seins ist und von der es ja auch die Seele selbst hat, daß sie *ist*. Wohl aber ist die Einheit der Seele mit ihrer eigenen Seinsheit gleichzusetzen, freilich nicht mit der absoluten Seinsheit. Denn auch die Einheit der Seele ist ja keine absolute, sondern sie ist dieser Seele eigentümlich, ebenso wie auch ihre Seinsheit[60].

Darum ist die Verstandesseele die einfaltende Kraft 92
aller begrifflichen Einfaltungen. Denn sie faltet in sich ein: die Einfaltung der Vielheit und die Einfaltung der Größe, nämlich des Einen und des Punktes. Denn ohne diese, d. h. ohne Vielheit und Größe, erfolgt keine Unterscheidung. Sie faltet die Einfaltung der Bewegungen ein; diese Einfaltung wird Ruhe genannt. In der Bewegung sieht man nämlich nichts außer der Ruhe, denn die Bewegung geht von Ruhe zu Ruhe. Sie faltet auch die Einfaltung der Zeit ein, welche Jetzt oder Gegenwart genannt wird. Denn in der Zeit findet man nichts außer dem Jetzt. Und so ist von allen

Einfaltungen dieses zu sagen, daß die Verstandesseele die Einfachheit aller begrifflichen Einfaltungen ist.

Die feinste Kraft der Verstandesseele faltet in ihrer Einfachheit alle Einfaltungen ein[61], ohne die es keine vollkommene Unterscheidung geben kann. Um die Vielheit zu unterscheiden, gleicht sie sich deshalb der Einheit oder der Einfaltung der Zahl an und entfaltet aus sich die begriffliche Zahl der Vielheit. Ebenso gleicht sie sich dem Punkte an, der die Größe einfaltet, um dann aus sich die begrifflichen Linien, Oberflächen und Körper zu entfalten. Und aus deren Einfaltung, nämlich der Einheit und des Punktes, entfaltet sie die mathematischen Figuren, die Kreise und die Vielecke, die ohne Vielheit und Größe zugleich überhaupt nicht entfaltet werden können. So gleicht sie sich der Ruhe an, um die Bewegung zu unterscheiden, und der Gegenwart oder dem Jetzt, um die Zeit zu unterscheiden. Und da alle diese Einfaltungen in ihr geeint sind, so unterscheidet sie — gleichsam als Einfaltung aller Einfaltungen — alles in der Weise des Entfaltens und mißt sowohl die Zeit wie die Bewegung als auch die Felder und jegliches Quantum.

93 Und sie erfindet die Wissenschaften, nämlich die Arithmetik, die Geometrie, die Musik und die Astronomie; und sie erfährt, daß sie in ihrer Kraft eingefaltet sind. Denn diese Wissenschaften sind von den Menschen erfunden und entfaltet worden. Und weil sie unvergänglich sind und wahrhaft in derselben Weise bleiben, sieht auch die Seele, daß sie selbst unvergänglich und wahrhaft immerbleibend ist. Denn jene mathematischen Wissenschaften sind ja nur in ihr und in ihrer Kraft eingefaltet und durch ihre Kraft entfaltet — so sehr, daß, wenn diese Verstandesseele nicht existierte, jene| 165r
überhaupt nicht sein könnten.

Daher sind auch die zehn Kategorien[62] in ihrer begrifflichen Kraft eingefaltet, ebenso auch die fünf Universalien[63] und alles, was zur Logik gehört, und das andere, was zum vollkommenen Begreifen (notio) notwendig ist — mag es nun ein Sein außerhalb des Geistes haben oder nicht, sofern nur die Seele ohne es nicht die Unterscheidung und das Begreifen in vollkommener Weise ausüben kann.

Albert: Wie froh bin ich, eingesehen zu haben, daß die Zeit, welche das Maß der Bewegung ist, nach Aufhebung der Verstandesseele weder sein noch erkannt werden kann, weil die Seele der Wesensgrund und die Zahl für die Bewegung ist, und daß die Begriffe, sofern sie Begriffe sind, dies von der Seele haben, welche die Schöpferin des Begrifflichen ist, so wie Gott der Schöpfer des Wesentlichen.

Kardinal: Die Seele erschafft durch ihre Erfindung 94
neue Werkzeuge, um zu unterscheiden und zu erkennen, wie Ptolemäus das Astrolabium[64], Orpheus die Leier usf. Die Erfinder haben das nicht aus etwas Äußerem erschaffen, sondern aus ihrem eigenen Geiste. Denn sie haben im sinnlichen Stoff den Entwurf (conceptum) entfaltet. So sind das Jahr, der Monat, die Stunde vom Menschen geschaffene Werkzeuge der Zeitmessung. Und so ist die Zeit, da sie das Maß der Bewegung ist, Werkzeug der messenden Seele. Der Wesensgrund der Seele hängt also nicht von der Zeit ab, sondern der Wesensgrund des Bewegungsmaßes, das Zeit genannt wird, hängt von der Verstandesseele ab.

Darum ist die Verstandesseele auch nicht der Zeit unterworfen, sondern steht zu ihr im Verhältnis der Vorordnung, so wie der Gesichtssinn zum Auge: wenn er auch nicht ohne Auge sieht, so hat er es doch nicht vom Auge, daß er Gesichtssinn ist, denn das Auge ist ja sein Organ. Ebenso untersteht auch die Verstandesseele — obwohl sie die Bewegung nicht ohne die Zeit mißt — doch nicht der Zeit, sondern umgekehrt. Denn sie gebraucht die Zeit als Werkzeug und Organ, um die Bewegungen zu unterscheiden. Die Unterscheidungsbewegung der Seele kann also durch keine Zeit gemessen werden; darum kann sie auch nicht durch die Zeit begrenzt werden und ist folglich immerwährend[65].

95 *Albert:* Ganz klar sehe ich, daß die unterscheidende Bewegung der Verstandesseele, die alle Bewegung und Ruhe mit der Zeit mißt, selbst nicht mit der Zeit gemessen werden kann. Die Künste und Wissenschaften, die von der Zeit nicht verändert werden können, was sind sie denn anderes als Wesensdenken (ratio)? Wer zweifelt daran, daß der Wesensgrund (ratio) des Kreises über der Zeit ist und jeder kreisförmigen Bewegung seiner Natur nach vorausgeht, so daß er von der Zeit ganz losgelöst (absolutam) ist? Und wo wird der Wesensgrund des Kreises gesehen? Nicht außerhalb des Wesensdenkens. Und wo das Wesensdenken, wenn nicht in der Verstandesseele?

Wenn also die Verstandesseele in sich selbst den Wesensgrund des Kreises sieht, der über der Zeit ist — mag die Verstandesseele nun das Wesensdenken selbst oder Lehre oder Kunst oder Wissenschaft sein oder nicht — jedenfalls steht fest, daß sie notwendigerweise über der Zeit ist. Und das befriedigt mich, daß ich weiß, die Verstandesseele kann zu keiner Zeit aufhören zu sein oder untergehen.

Wenn ich aber irgendeinen Menschen sehe, der keinen Verstand hat, obzwar er in den Sinnen stark ist, so bin ich im Zweifel, ob vielleicht seine Seele wie die eines anderen Tieres zu achten sei.

Kardinal: Es gibt nur die eine Menschenseele, und sie wird Verstandesseele genannt, obwohl sie auch wie bei den Tieren sinnlich ist. Denn wie ich — meiner Erinnerung nach — im ersten Gespräch dem Herzog Johann vom Dreieck im Viereck gesagt habe: die Sinneskraft im Menschen gehört nicht der Tierseele, sondern der Verstandesseele an. Das ist von dem heiligen Augustinus im 14. Buch des Gottesstaates in dem Beispiel von dem Priester Restitutus offenkundig bewiesen worden[66].

Albert: Wie?

Kardinal: Er berichtet, wie dieser Priester Restitutus 96
aus der Diözese Kalamis, wenn es ihm gefiel oder wenn er gebeten wurde, daß er es tun möge, bei den nachgeahmten Rufen eines klagenden Menschen sich so von den Sinnen entfernte und ganz totenähnlich dalag, daß er nicht bloß das Kneifen und Stechen gar nicht spürte, sondern bisweilen auch mit an ihn gehaltenem Feuer gebrannt wurde, ohne daß er Schmerz empfand. Gleichwie bei einem Verstorbenen fand man bei ihm keinen Atem. Doch berichtete er nachher, daß er die Stimmen der Menschen, wenn sie ziemlich laut sprachen, gleichsam wie von ferne gehört habe.

Dies mit Willen Getane beweist, daß die Verstandesseele sich vom Körper zurückgezogen hatte, sogar so sehr, daß sie nichts fühlte. Daraus erhellt, daß die Verstandesseele durch den Willen von der sinnlichen Seele getrennt wird und daß die Verstandeskraft über das Sinnesvermögen herrscht[67]. Die Verstandesseele und die sinnliche sind also im Menschen eins. Und wenn bei irgendeinem Menschen auch die Ausübung des Verstandes nicht offen erscheint, so ist es doch keine Tierseele — ebenso wie ein Körper, wenn er noch so sehr geschwächt und klein geworden wäre, daß er kaum

gesehen oder berührt werden könnte, doch darum nicht
aufhört Körper zu sein, weil er ja nicht in Nichtkörper
aufgelöst werden kann.

Und es ist auch nicht möglich, daß ein Mensch, wenn
der Verstand ihm einmal durch die Eingießung der
Verstandes|seele innewohnt, später gänzlich seiner be- 165v
raubt werde, mag man auch keinerlei Verstandes-
gebrauch sehen. Denn dieser Gebrauch ist bei dem
einen klarer und bei dem anderen dunkler, so daß er
niemals der geringste und gänzlich null sein kann,
auch wenn er so gering ist, daß andere ihn nicht unter-
scheiden könnten. Das steht fest aus der Regel der be-
lehrten Unwissenheit[68], welche lautet: Bei den Dingen,
die ein Mehr oder Weniger annehmen, kann man nicht
zum schlechthin Größten oder Kleinsten gelangen.

97 *Albert:* Die Blödigkeit, die wir bei vielen Menschen
finden, führt zum Zweifel, ob Verstand in ihnen sei.
Durch ein Gleichnis aber scheint der Zweifel folgender-
maßen gelöst werden zu können. Gewisse Leute haben
unversehrte Augen und sehen doch nichts, aber des-
wegen fehlt ihnen nicht etwa die Sehkraft, sondern ihr
Gebrauch. Um zu erscheinen, fordert er eine bessere
Verfassung des Organs. Und so wie manchmal das Auge
eine bessere Verfassung annimmt, und dann auch der
Gebrauch des Sehens sich zeigt, so bleibt es manchmal
auch in schlechter Verfassung, und der Gebrauch der
Sehkraft kommt nicht zustande. Ebenso ist es mit der
Blödigkeit. Sie hört auf beim Erscheinen des Verstan-
desgebrauchs, wenn die Gesundheit des Organs kommt,
ohne die der Verstandesgebrauch nicht da sein kann;
und sie hört nicht auf, solange der Organfehler nicht
behoben ist. Und das sehe ich für wahr an: so wie man
niemals ein Auge von so schlechter Verfassung findet,
daß es nicht doch irgendein Licht wahrnähme, wenn es

auch nichts unterscheidet, so ist es entsprechend auch vom Blöden zu behaupten.

Wenn das nun so ist, wie du behauptest, so bleibt doch noch manches, was mich beunruhigt. Die Seele ist doch die Ursache der Körperbewegung. Wie könnte das aber ohne Wandel geschehen? Wenn aber die Seele sich beim Bewegen wandelt, dann ist sie jedenfalls zeitlich. Denn alles, was sich wandelt, ist unbeständig und kann keinesfalls immerwährend sein.

Kardinal: Wir müssen sagen, daß die Seele bewegt 98
und sich doch nicht wandelt, so wie Aristoteles sagte[69], daß Gott als Ersehntes bewegt. Denn jenes von allen begehrte Gut bleibt in sich fest und bewegt alle, die das Gute begehren, auf sich hin.

Die Verstandesseele hat die Absicht, ihre Wirkung hervorzubringen. Während die Absicht feststeht, bewegt sie die Hände und die Werkzeuge. Während der Bildhauer den Stein behaut, sieht man die Absicht in der Seele unwandelbar feststehen und den Körper und die Werkzeuge bewegen.

So bewegt die Natur, welche manche Weltseele nennen, alle Dinge, indem sie unbeweglich feststeht in der unwandelbaren[70] Absicht, den Befehl des Schöpfers auszuführen. Und der Schöpfer erschafft alles in unbeweglich und unwandelbar feststehender Absicht.

Und was ist die Absicht, wenn nicht der Entwurf 99
oder das Wort des Wesensgrundes[71], in dem alle Vorbilder der Dinge sind? Denn sie ist der Formbegriff[72], welcher die Unendlichkeit allen Werdenkönnens begrenzt.

Die eine ewige und ganz einfache Absicht Gottes ist also die feststehende und bleibende Ursache von allem. So ist auch in der Verstandesseele die eine immerwährende und zielhafte Absicht, das Wissen von Gott zu erwerben, d. i. erkenntnismäßig in sich dieses Gut zu haben, das alle begehren. Denn niemals wandelt die Verstandesseele, sofern sie Verstandesseele ist, diese Absicht.

Es gibt auch andere zweite Absichten; wenn sie von jener ersten Absicht abweichen, wandeln sie sich, während das erste Verlangen fest bestehen bleibt. Wegen der Wandlung solcher Absichten wandelt sich jedoch die Verstandesseele nicht, weil sie in der ersten Absicht fest beharrt. Und die Unwandelbarkeit jener ersten Absicht ist die Ursache der Wandlung solcher zweiten Absichten.

100 *Albert:* Du hast mich mit wenigen Worten dazu geführt, daß ich sehe, wie durch die Absicht in Gott und in der Verstandesseele — mit ihr und ihr gemäß wirken und bewegen sie ja — alles wird und sich bewegt, während die Absicht fest beharrt. Und es gibt keinen Zweifel: wenn die Absicht fest beharrt, dann bewegen Gott und die Verstandesseele, *ohne* selbst bewegt oder gewandelt zu werden. Denn wenn die Absicht feststeht, so steht jedenfalls auch der Beabsichtigende, der ja nicht von der Absicht bewegt wird.

In Gott ist die Absicht nichts anderes als Gott selbst, der beabsichtigt. So ist auch in der Verstandesseele die Absicht nichts anderes als die beabsichtigende Seele. — Was du von den zweiten Absichten gesagt hast, ist sehr notwendig zu beachten; es beseitigt viele Zweifel.

101 *Kardinal:* Wenn ich beabsichtige, etwas Sichtbares zu sehen, so bewege ich die Augen dahin; wenn ich beabsichtige zu hören, bewege ich dahin die Ohren[73]; wenn ich beabsichtige, spazieren zu gehen, bewege ich die Füße dorthin; allgemein: wenn ich beabsichtige, etwas sinnlich wahrzunehmen, bewege ich das Sinnesvermögen nach dort; wenn ich das, was ich einmal sinnlich wahrgenommen habe, sehen will, so bewege ich die Einbildungskraft oder das Gedächtnis daraufhin. Zu

allem Körperlichen gelange ich also durch die Vermittlung eines körperlichen Organs.

Aber wenn ich mich zum Unkörperlichen wenden will, entferne ich mich von dem Körperlichen, und je wahrer meine Absicht ist, jenes zu betrachten, um so wahrer ziehe ich mich vom Körperlichen zurück. So z. B., wenn ich meine Seele sehen will, die kein Gegenstand für den sinnlichen Blick ist, werde ich sie besser sehen, wenn ich die sinnlichen Augen schließe. Und ich mache die Seele zum Werkzeug, um das Unkörperliche zu sehen. Wenn ich so beabsichtige, die Gebiete des Wis-
166r sens aufzufassen, wende ich mich der Erkenntniskraft| meiner Seele zu. Und wenn ich den Wesensgrund (rationem) und die Ursache von allen Dingen zu sehen beabsichtige, wende ich mich der geistig schauenden, ganz einfachen und ganz starken Kraft der Seele zu.

Darum sieht die Seele Unkörperliches besser als Körperliches, denn das Unkörperliche sieht sie, indem sie in sich hineingeht, das Körperliche aber, indem sie aus sich herausgeht. — Und bei alledem beabsichtigt sie nur das Eine, nämlich die Ursache von allen Dingen und von ihr selbst durch ihre denkende Kraft zu sehen und zu erfassen, um — wenn sie die Ursache und den Wesensgrund aller Dinge und ihrer selbst in ihrer lebendigen Vernunft (ratio) gegenwärtig fühlt — des höchsten Gutes in immerwährendem Frieden und Entzücken zu genießen.

Denn was sucht der denkende Geist, der sich von Natur aus nach Wissen sehnt, anderes als die Ursache und den Wesensgrund von allem? Und er kommt ja nicht zur Ruhe, wenn er nicht um sich selbst weiß[74]. Das kann aber nur geschehen, wenn er seine Sehnsucht nach Wissen, d. i. aber die ewige Ursache seiner Vernunft[75], in sich selbst, nämlich in der denkenden Kraft, sieht und spürt.

102 *Albert:* Große Dinge sprichst du aus und gewisse Wahrheit! — Wenn die denkende Seele mit höchster Sehnsucht getrieben wird, zu unterscheiden und zu wissen — wenn sie dahin gelangt, daß sie die Ursache ihrer so großen Sehnsucht in sich selbst, nämlich in ihrer Unterscheidungskraft, sieht, dann hat sie jedenfalls in sich das Wissen von dem Geber dieser Sehnsucht. Und sie kann nichts erstreben, was sie nicht in sich selbst sieht. Denn was könnte der, der sich nach Wissen sehnt, noch weiteres verlangen, wenn das Verursachte das Wissen um seine Ursache in sich erschaut? Denn dann hat es den Wesensgrund und die Kunst seiner Erschaffung in sich; und das ist die Erfüllung und Vollendung aller Wissenssehnsucht.

Und im Vergleich dazu kann der vernünftigen Natur, die so begierig nach der Wissenschaft ist, nichts zukommen, das beseligender und beglückender wäre. Denn es ist etwas Geringes, von allen wißbaren Künsten Kenntnis zu haben, wenn man hinblickt auf die Schöpfungskunst von allen Künsten. Allein es erscheint mir schwierig, wie ein Geschöpf — mag es noch so vernünftig und gelehrig sein — die Schöpfungskunst begreifen kann, welche doch Gott allein besitzt.

Kardinal: Die Schöpfungskunst, die die glückselige Seele erlangen wird, ist nicht jene Kunst durch Wesenheit, welche Gott ist, sondern nur die Mitteilung jener Kunst und die Teilhabe an ihr. So ist auch das Erwerben der Weißheit durch die Teilhabe an der absoluten Weißheit — kraft deren Wesenheit und nicht kraft der (durch die Teilhabe) erworbenen — nicht Umwandlung des Weißen in die Weißheit selbst, sondern Gleichformung der erworbenen mit jener Weißheit, die nicht erworben wird. Denn das Weiße weißt nur in Kraft der Weißheit, von der es hat, daß es weiß ist oder gleichförmig mit der Weißheit, die das Weiße formt[76].

Albert: Das gefällt mir, da ja auch die Schrift vom Gottessohne sagt, wenn er in der Herrlichkeit erscheinen wird, werden wir ihm ähnlich sein[77]; sie sagt nicht, daß wir er selbst sein werden.

Du sprachst aber vom Sinnesvermögen der denken- 103
den Seele, wie verstehst du es, daß das Sinnesvermögen in der vernünftigen Natur sei?

Kardinal: Oft gehen wir an etwas vorüber und nehmen es nicht wahr, weder durch das Gesicht noch durch das Gehör, weil wir nicht darauf aufmerksam sind. Wenn wir aber aufmerksam sind, dann nehmen wir es wahr. Wir besitzen in unserer Seele den Vernunftgrund (rationem) und die Wissenschaft des Wißbaren der Kraft nach; trotzdem nehmen wir seine Wahrheit nur dann wirklich wahr, wenn wir aufmerksam darauf gerichtet waren, dies zu sehen.

Wenngleich ich die Wissenschaft der Musik zu eigen habe, so fühle ich mich doch, während ich mich mit der Geometrie beschäftige, nicht als Musiker. Erst die aufmerksame Überlegung also läßt mich das Erkennbare, das ich nicht wahrgenommen hatte, wahrnehmen.

Denn so wie der Mittelpunkt aller Kreise in der Tiefe verborgen ist — er, in dessen Einfachheit die Kraft ist, die alle einfaltet —, ebenso ist im Mittelpunkt der Verstandesseele alles im Verstand Inbegriffene eingefaltet. Es wird aber nur wahrgenommen, wenn diese Kraft durch aufmerksame Überlegung erregt und entfaltet wird.

Albert: Sehr gut antwortest du auf alles und für mich höchst dankenswert. Wie ich sehe, eilst du jetzt zum Ende hin. Füge doch noch eine Wahrheit über das Verborgene und das Zugängliche hinzu. Aus der Zeichnung sieht man nämlich, daß alle Kraft im Mittelpunkt verborgen ist.

104 *Kardinal:* Es steht geschrieben[78], daß Gott vor den Augen aller Weisen verborgen ist; und es ist alles Unsichtbare im Sichtbaren verborgen. Das Sichtbare ist den Augen greifbar nahe, und das Unsichtbare ist den Augen ferne. Die Prinzipien, sagt Aristoteles[79], sind die geringsten der Menge nach und die stärksten der Kraft nach. Die Kraft ist geistig und unsichtbar; und die Kraft des Feuerfunkens ist von ebenso großem Vermögen wie das ganze Feuer. Und in einem bescheidenen Senfkorn ist die Kraft ebenso groß wie in vielen Körnern und sogar wie in allen, die überhaupt sein können.

Das Endziel des Offenbaren ist das Verborgene; und das Endziel des Äußeren ist das Innere. Die Häute und Rinden sind um des Fleisches und des Markes willen da und diese wiederum um der inneren unsichtbaren Lebenskraft willen. Die Kraft der Elemente ist im Chaos verborgen; in der Wachstumskraft verbirgt sich die sinnliche und in dieser die vorstellende Kraft und in der die logische oder die Verstandeskraft, in der Verstandeskraft die Einsichtskraft, in der Einsichtskraft die geistig schauende und in der geistig schauenden die Kraft der Kräfte.

Das magst du am Bilde der Kreise geheimnisvoll[79a] 166v
lesen. Der umgebende äußere Kreis stellt das verworrene Chaos dar, der zweite die Kraft der Elemente, welche dem Chaos die nächste ist, der dritte die Gesteinskraft. Und diese drei enden am vierten, der der Kreis ist, der die Wachstumskraft darstellt. Dann kommt der fünfte Kreis, der die sinnliche Kraft darstellt, dann der sechste, welcher die Vorstellungskraft oder Phantasie darstellt. Und diese drei Kreise, nämlich der vierte, fünfte und sechste, enden im (folgenden) vierten, nämlich dem, der die logische oder die Verstandeskraft darstellt, und das ist der siebente. Dann kommt der achte, der die Einsichtskraft darstellt, und der

neunte, welcher die geistig schauende Kraft darstellt. Und diese drei, nämlich der siebente, achte und neunte, enden im (folgenden) vierten, welcher der zehnte ist.

Albert: Du hast jetzt Schönes darüber vorgetragen, 105
wie das Fortschreiten vom Verworrenen zum Unterschiedlichen geschieht. Und weil man durch diese Überlegung von jedem Unvollkommenen zum Vollkommenen aufsteigt, vom Verworrenen und Dämmerigen zum unterschiedlichen Lichte, vom Unschmackhaften zum Wohlschmeckenden durch die mittleren Geschmäcke, vom Schwarzen zum Weißen durch die Mittelfarben, gilt das ebenso bei den Gerüchen und bei allem, wo man zum Vollkommenen kommt, und auch in dem von dir gewählten Beispiele (des Aufstiegs) von der körperlichen Natur zur geistigen. Auf die Erfahrung dessen stößt der Mensch in sich selbst, und dabei kommt er darauf, warum er ‚Mikrokosmos' genannt wird.

Laß es dich darum nicht verdrießen, wenigstens noch etwas über den auf alles Wißbare anzuwendenden Wesensgrund dieses Fortschreitens, das so sehr wunderbar und fruchtbar ist, anzufügen.

Kardinal: Wie alle Unterscheidung vom Zehner zu- 106
sammengehalten wird, so alles Fortschreiten notwendig im Vierer. Denn eins und zwei und drei und vier sind zehn. Weil hierin die Unterscheidung zum Stehen kommt, so auch das Fortschreiten der Unterscheidung. Und es kann auch nicht mehr als drei solche Fortschritte geben, wenn doch der dritte vom Zehner abgeschlossen wird.

Sie verhalten sich notwendig so zu einander, daß das Oberste des ersten das Unterste des zweiten und das Oberste des zweiten das Unterste des dritten ist, so daß es gleichermaßen ein fortlaufendes eines wie dreifaches Fortschreiten ist. So wie also das erste Fortschreiten, welches vom Unvollkommenen abgeht, im Vierer endet, so fängt das zweite im Vierer an und endet im Siebener. Und dort fängt das dritte an und endet im Zehner.

107 Du bist begierig, den Grund davon zu hören; du sollst ihn so verstehen: Weil mit Notwendigkeit die Ordnung zu allen Werken Gottes gehört, wie der Apostel richtig sagte, als er sprach: „Was immer von Gott ist, das ist geordnet“[80], kann sie ohne Ursprung, Mitte und Ziel weder sein noch erkannt werden. Es ist aber die vollkommenste und einfachste Ordnung, im Vergleich zu der keine vollkommener oder einfacher sein kann. Sie ist in allem Geordneten, und alles Geordnete ist in ihr — in der Weise, wie wir es zu Anfang in dem allgemeinen Grundsatz vorausgeschickt haben.

In dieser Ordnung aber, die das Vorbild aller Ordnungen ist, muß notwendig die Mitte ganz einfach sein, weil die Ordnung ganz einfach ist. Es wird also eine so gleiche Mitte sein, daß sie selbst auch die Gleichheit ist. Diese Ordnung kann von uns nicht durch irgendeine Unterscheidung erfaßt werden, wenn nicht durch das ganz geordnete Fortschreiten, das mit der Einheit beginnt und vom Dreier beendet wird. In ihm ist die ganz einfache Mitte die gleiche Mitte von Ursprung und Ziel. Denn zwei ist die genaue und gleiche Mitte von eins und drei und das genaue Dritte[81] der ganzen Ordnung und des Fortschreitens. — Auf andere Weise können wir diese ganz einfache göttliche Ordnung nicht unterscheiden, außer in dem vorgenannten Fortschreiten. Und da die Mitte gleiche Mitte ist — wie sie auch ununterschieden ist von der Gleichheit —, so bleibt sie in der Wesenheit identisch mit dem Ursprung und dem Ziel. Denn von verschiedenen Wesenheiten kann es keine genaue Gleichheit geben.

108 Alle Ordnung aber, die es von der schon genannten ganz einfachen Ordnung hat, daß sie Ordnung ist, kann keine gleiche und einfache Mitte haben. Denn jede an-

dere Ordnung außer der ganz einfachen ist eine zusammengesetzte. Alles aber, was zusammengesetzt ist, ist aus Ungleichem zusammengesetzt. Denn es ist unmöglich, daß mehrere zusammensetzbare Teile genau gleich sind. Denn dann wären es weder mehrere noch Teile. Und auch die Gleichheit läßt sich nicht vervielfachen.

Deshalb ist in der ersten ganz einfachen Ordnung e i n e Gleichheit der drei Personen[82]; weil es unmöglich ist, daß viele Gleichheiten sind, da doch die Vielheit der Andersheit und Ungleichheit folgt.

Wenn also in der geordneten oder geschaffenen Ordnung keine einfache und gleiche Mitte sein kann, dann ist sie auch nicht im dreifachen Fortschreiten abgeschlossen, sondern schreitet jenseits fort in die Zusammensetzung. — Der Vierer aber geht unmittelbar vom ersten Fortschreiten aus; und er würde nicht ausgehen, wenn das Fortschreiten nicht geordnet sein würde. Darum besteht das, was das geordnete Fortschreiten erfordert, das vom ersten, ganz geordneten Fortschreiten ausgeht, notwendigerweise in diesem Viererfortschreiten[83].

167r Darum hat es eine zusammengesetzte Mitte, nämlich zwei und drei, welche zusammen die Mitte des ganzen Fortschreitens bilden. Denn eins und zwei und drei und vier sind zusammen zehn; zwei und drei aber sind fünf, nämlich die Hälfte von zehn. Ebenso verhalten sich auch vier, fünf, sechs, sieben, und sieben, acht, neun, zehn. Und so siehst du den Grund für das oben Gesagte.

Albert: Groß ist die Lebenskraft dieses Grundes[84], 109
das sehe ich. Ich wundere mich aber darüber, daß du gesagt hast, nichts werde aus Gleichem zusammengesetzt. Ist der Vierer denn nicht aus zwei Zweiern zusammengesetzt?

Kardinal: Keineswegs. Denn jede Zahl ist entweder gerade oder ungerade. Wenn sie zusammengesetzt wird, wird sie nur aus Zahl zusammengesetzt, nämlich aus Geradem und Ungeradem oder aus Einheit und Andersheit. Daß die Quantität des Vierers aus zwei Zweiern bestehe, leugne ich nicht, aber seine Wesenheit besteht nur aus Geradem und Ungeradem. Denn es muß zwischen den Teilen, die etwas zusammensetzen sollen, eine Proportion bestehen, also auch Verschiedenheit. Deswegen sagte Boethius richtig[85], daß aus Gleichem nichts zusammengesetzt wird.

Denn die Harmonie ist zusammengesetzt aus dem Hohen und dem Tiefen, die zu einander im rechten Verhältnis stehen. Und so ist es bei allem. Deshalb ist der Vierer aus dem Dreier und dem Andern zusammengesetzt. Der Dreier ist ungerade, das Andere gerade — ebenso wie der Zweier aus dem Einer und dem Andern zusammengesetzt ist. Die Andersheit heißt ‚gerade' wegen des Herabfallens von der unteilbaren Einheit in die Teilbarkeit, welche im Geraden ist. So ist der Vierer aus dem Dreier, d. i. aus dem Ungeraden und Unteilbaren, und dem Anderen, dem Teilbaren, zusammengesetzt.

Denn jede Zahl ist aus Zahl, nämlich aus dem Einen und dem Andern, zusammengesetzt. Das Eine und das Andere ist aber die Zahl (überhaupt). Wir erinnern uns, daß wir an anderer Stelle ausführlicher davon geschrieben haben, am meisten im Büchlein vom Geiste[86]. Das soll nun so wiederholt werden, damit du in der Zahl, die aus unserm Geiste ist, den Verstand oder die Unterscheidungskraft der Seele besser erkennst und auch, daß jene Unterscheidungskraft aus dem Selben und dem Verschiedenen, dem Einen und dem Andern zusammengesetzt genannt wird wie die Zahl, weil die Zahl nur Zahl ist durch das Unterscheiden unseres Geistes.

Das Zählen des Geistes besteht darin, das allgemeine Eine zu vervielfältigen und zu vermehren, d. h. das Eine in den Vielen und die Vielen im Einen und das Eine vom Andern zu unterscheiden.

Pythagoras[87], welcher bemerkte, daß keine Wissenschaft entstehen kann außer durch Unterscheidung, hat über alle Dinge durch die Zahl philosophiert. Und ich glaube nicht, daß irgend jemand eine vernunftgemäßere Weise des Philosophierens erreicht hat. Weil Plato sie nachgeahmt hat, wird er mit Recht für groß gehalten.

Albert: Ich gebe das so, wie du es behauptest, zu. — 110
Nun, da sich der Tag zum Abend neigt, so gib diesem Gespräch noch einen besonderen Wert[88] und mache es durch einen erfreulichen Schluß der Erinnerung würdig.

Kardinal: Ich will es versuchen. Mir fällt nicht ein, wie ich dem, was ich gesagt habe, besser Wert geben kann, als wenn ich vom Werte spreche.

Albert: Ausgezeichnet.

Kardinal: Gut und edel und kostbar ist das Sein. Deshalb ist alles, was ist, in gewisser Weise des Wertes teilhaftig (non expers). Nichts kann überhaupt sein, ohne irgend etwas wert zu sein. Und man kann nichts finden, das von so geringem Werte wäre, daß es nicht noch weniger Wert haben könnte. Und es ist auch nichts von so großem Werte, daß es nicht noch mehr Wert haben könnte. Denn allein der Wert, der der Wert aller Werte ist, und der in allem, was da Wert hat, ist, und in dem alles, was da Wert hat, existiert, faltet allen Wert in sich ein; und er allein kann weder mehr noch weniger Wert haben.

Begreife also, daß dieser absolute Wert, die Ursache allen Wertes, im Mittelpunkt aller Kreise verborgen ist; und laß den äußersten Kreis den äußersten Wert sein und fast nichts. Betrachte, wie er im dreieinigen[89] Fortschreiten in den Zehner wächst, in der so oft von uns berührten Weise. Und dabei wirst du in eine schöne Betrachtung hineinkommen.

111 *Albert:* Ich glaube, wenn du die Rede auf den Preis des Wertes beschränkst, würdest du uns mehr belehren.

Kardinal: Vielleicht wünschest du, vom Gelde zu sprechen.

Albert: Ja!

Kardinal: Nun, das will ich machen. Jetzt achte aber darauf, wie der Wert aller Dinge nichts anderes ist als ihr Sein selbst. Und so wie im schlechthin größten Werte, dem einen, überhaupt nicht zusammengesetzten, unteilbaren, ganz wahrhaft aller Wert aller Dinge besteht, ebenso auch in der einfachsten Seinsheit aller Dinge Sein. Denn so wie im Werte irgendeines Guldens der Wert von tausend kleinen Zehnern ist und in dem besseren Doppelgulden der Wert von zweitausend, usw. ins Unendliche, so müßte in dem besten Gulden, zu dem es keinen besseren mehr geben könnte, der Wert von unendlichen Zehnern sein. Und so wie du siehst, daß dies Wahrheit ist, so würde es auch wahrhaftig und wirklich so sein[90].

Albert: Ja, so ist es.

112 *Kardinal:* Wenn du aber dies in dir selbst als wahr siehst, welchen Wert hat dann das Auge deines Geistes, das in seiner Kraft allen Wert unterscheidet? Denn in diesem Sehen ist der Wert von allem und von jedem einzelnen — aber nicht so wie im Wert der Werte. Denn darum, daß der Geist das sieht, was alles|,wert' ist, hat 167v
er doch nicht selbst allen Wert. Denn in ihm sind die Werte nicht so wie in ihrer Wesenheit, sondern wie in ihrem Erkanntsein (ut in sua notione).

Denn der Wert ist ein wirklich Seiendes, so wie auch der Wert des Geistes ein seiendes Etwas, und zwar ein wirklich Seiendes ist. Und so ist er in Gott wie in der Wesenheit des Wertes. Er ist auch ein begrifflich

Seiendes, weil er erkannt werden kann, und so ist er in der Vernunft als in dem Wert-Erkennenden, aber nicht als in dem größeren Werte oder in der Ursache und Wesenheit des Wertes[91]. Denn dadurch, daß unsere Vernunft geringeren oder größeren Wert erkennt, ist sie selbst kein größerer oder geringerer Wert, weil diese Erkenntnis dem Wert kein wesentliches Sein verleiht.

Albert: Vermehrt nicht die Erkenntnis eines Wertes, 113
der höher ist als der Wert des Erkennenden, den Wert des Erkennenden?

Kardinal: Der Wert der Erkenntnis des Erkennenden wird dadurch in ihm vermehrt, daß er mehr erkennt, gleich, ob es von größerem oder geringerem Werte ist als der Erkennende selbst. Denn der Wert des Erkannten geht nicht so ein in den Wert des Erkennenden, daß er etwa den Wert des Erkennenden größer machte, mag auch die Erkenntnis verbessert werden. Denn so wie das Erkennen des Schlechten den Erkennenden nicht schlechter macht oder das Erkennen des Guten besser, so macht es ihn dennoch zu einem besser Erkennenden.

Albert: Das sehe ich ein. Denn ebenso nennen wir ja auch jemand einen werten Gelehrten, obgleich viele Ungelehrte mehr wert sind als er.

Dennoch ist der Wert der vernünftigen Natur sehr groß, weil in ihr die Unterscheidung der Werte ist. Sie ist wunderbar und überragt alles, was der Unterscheidungsgabe ermangelt.

Kardinal: Wenn du ganz tief überlegst, dann ist der 114
Wert der vernünftigen Natur nach dem Werte Gottes der höchste. Denn in ihrer Kraft ist der Wert von Gott und allen Dingen in der Weise der Erkenntnis und Unterscheidung[92]. Und wenn auch die Vernunft dem Werte nicht das Sein gibt, so kann doch ohne Vernunft

der Wert nicht einmal in seinem Dasein unterschieden werden. Denn wo keine Vernunft ist, kann nicht gewußt werden, ob ein Wert da ist[93]. Wenn die denkende und verhältnisfassende Kraft nicht existiert, hört die Wertschätzung auf. Und wenn diese nicht existierte, so würde der Wert überhaupt aufhören[94]. Hierin wird die Kostbarkeit des Geistes sichtbar, weil ja ohne ihn alles Geschaffene des Wertes ermangeln würde. Wenn Gott also gewollt hat, daß sein Werk wertgeschätzt werden sollte, so mußte er unter diesen Geschöpfen die vernünftige Natur erschaffen.

115 *Albert:* Nicht wahr, wenn wir Gott gleichsam als Münzherrn annehmen, dann wird die Vernunft gleichsam der Wechsler sein!

Kardinal: Dieser Vergleich ist nicht ungereimt, wenn du Gott gleichsam als allmächtigen Münzherrn begreifst, der aus seiner erhabenen und allmächtigen Kraft jede Münze hervorbringen kann. — Wenn jemand so großes Vermögen hätte, daß er mit seiner Hand jede beliebige Münze, die er nur wollte, hervorbrächte, und wenn der einen Wechsler einsetzte, der in seiner Kraft die Unterscheidung aller Münzen und die Wissenschaft des Zählens besäße — während er selbst sich nur die Kunst des Münzenschlagens vorbehalten hätte —, dann würde der Wechsler die edle Art der Münzen und den Wert, die Zahl, das Gewicht und das Maß, das die Münze von Gott haben würde, bekanntgeben, um den Preis der Münze und ihren Wert und dadurch das Vermögen des Münzherrn bekanntzumachen. So wäre das Gleichnis angemessen,

Albert: Groß wäre das Vermögen jenes Münzherrn, da er darin den ganzen Schatz aller Münzen zusammenhielte. Und er könnte aus ihm neue und alte[95], goldene, silberne und Kupfermünzen von größtem, kleinstem und mittlerem Werte hervorholen, während der Schatz immer gleich unendlich, unerschöpflich und unverbrauchbar wäre. Groß würde auch die Unterscheidungsgabe des Wechslers sein, alle diese wie auch immer verschiedenen Münzen zu zählen, zu wägen und den ganzen Wert von allen zu messen. Die Kunst Gottes würde aber unendlich über die Kunst des Wechslers obsiegen, weil die Kunst Gottes das Sein, die Kunst des Wechslers nur das Erkanntwerden bewirken würde.

Kardinal: Nicht wahr, so siehst du: es ist eine andere 116
Seinsweise der Münze in der Kunst des allmächtigen Münzherrn, eine andere in der münzbaren Materie, eine andere in der Bewegung und in den Werkzeugen, wenn sie gemünzt wird, und wieder eine andere, wenn sie wirklich gemünzt ist. Und alle diese Weisen kommen zusammen für das Sein derselben Münze. Dann gibt es noch eine andere Weise, die sich mit jenen Seinsweisen befaßt, nämlich wie die Münze im Denken ist, das die Münze unterscheidet.

Dasjenige, was die Münze oder das Geldstück zur Münze macht, ist das Bild oder Zeichen dessen, dem sie gehört. Wenn sie dem Münzherrn gehört, dann hat auch die Münze sein Bild, etwa das Gleichnis seines Antlitzes. — So lehrt uns Christus, wenn er, als man ihm das Geldstück zeigte, fragte, wessen Bild das sei. Es wurde ihm geantwortet: Des Kaisers[96]. Das Antlitz ist das Kennzeichen. Am Antlitz unterscheiden wir den einen vom andern. Ein einziges Antlitz des Münzherrn ist es also, an dem er erkannt wird, und das ihn offenbart, welches[97] sonst unsichtbar und unerkennbar wäre. Und weil das Gleichnis seines Antlitzes auf allen Geld-
168r stücken ist, so zeigt es nur das|Kennzeichen oder das Antlitz des Münzherrn, dem die Münze gehört. Und das Bild ist auch kein anderes als der darübergeschriebene Name. So sagte nämlich Christus: Wessen Bild und Aufschrift ist das? Sie antworteten: Des Kaisers.

117 Das Antlitz, der Name, die Wesensgestalt und der Sohn des Münzherrn sind also dasselbe[98]. Der Sohn ist das lebendige Bild und die Wesensgestalt und der Lichtglanz des Vaters[99]. Durch ihn macht, münzt oder zeichnet der Vater, der Münzherr, alle Dinge[100]. Und weil es ohne ein solches Zeichen keine Münze wäre, so ist das Eine, was auf jeder Münze dargestellt ist, das einzige Vorbild und die Formursache von allen Münzen. Wenn also der Münzherr die Einheit oder Seinsheit ist, dann ist die Gleichheit, welche von der Einheit natürlich gezeugt wird, die Formursache des Seienden.

In der einen und einfachen Gleichheit siehst du also die Wahrheit von allem, was da ist oder sein kann, wie es durch die Seinsheit gezeichnet ist. Du siehst auch in dieser Gleichheit die Einheit so wie im Sohne den Vater. Alles also, was da ist oder sein kann, ist in dieser Wesensgestalt des Vaters, des Schöpfers, eingefaltet. Der Schöpfer, der Münzherr ist also in allen Münzen durch seine Wesensgestalt — so wie das eine Gezeichnete in vielen Zeichen ist.

Denn wenn ich bei allen Geldstücken auf die Washeit des Gezeichneten hinblicke, so sehe ich immer nur den Einen, dem die Münze gehört. Und wenn ich mich den Zeichen der Münzen zuwende, so sehe ich viele Geldstücke, weil ich das eine Gezeichnete in vielen Zeichen gezeichnet sehe.

118 Achte aber darauf, wie das Münzbare, das mit dem Zeichen gezeichnet ist, Geldstück oder Münze ist. So ist z. B. das gezeichnete Kupfer eine Münze, nämlich gezeichnet mit dem Bildzeichen des Zeichnenden. Die münzbare Materie wird also durch das Zeichen zum Geldstück. Sie heißt dann gezeichnete oder geprägte Materie, welche die Bestimmung der Möglichkeit, Geldstück zu sein, aufgenommen hat[101].

So sehe ich das Gezeichnete vor dem Zeichen, im Zeichen und nach dem Zeichen: vor dem Zeichen, als die Wahrheit, welche vor ihrer Darstellung ist; im Zeichen als die Wahrheit im Abbilde und nach dem Zeichen, wie das Gezeichnete vom Zeichen gezeichnet ist. Als das Erste ist das Gezeichnete die unendliche Wirklichkeit, als das Letzte ist das Gezeichnete die unendliche Möglichkeit. Als Mittleres ist das Gezeichnete zwiefach; entweder ist es wie das Erste im Zeichen oder wie das Zeichen im Letzten.

Das erste Gezeichnete, das ich unendliche Wirklichkeit genannt habe, heißt die absolute Notwendigkeit selbst, die allmächtig ist und alles zwingt, der nichts widerstehen kann. Das letzte Gezeichnete, nämlich die unendliche Möglichkeit, heißt auch absolute und unbestimmte Möglichkeit. Zwischen diesen äußersten Seinsweisen sind zwei andere. Die eine zieht die Notwendigkeit zu einem Verknüpften zusammen und heißt Notwendigkeit der Verknüpfung, wie etwa die Notwendigkeit des Menschseins. Denn die Seinsnotwendigkeit, die zum Menschen zusammengezogen ist, faltet das in sich ein, was zu der Seinsweise, die Menschheit heißt, notwendig ist. Und so ist es bei allen. Die andere Seinsweise erhebt die Möglichkeit durch Bestimmung zum Wirklichsein und wird bestimmte Möglichkeit genannt, so wie jener Gulden oder dieser Mensch da.

Betrachte also irgendeine Münze, etwa diesen päpst- 119
lichen Gulden, und mache ihn in deiner Vorstellung in vernünftigem Leben lebendig, so daß er geistigerweise in sich selbst hineinsieht. Wenn er sich dann anschaut, wird er dies und alles, was gesagt ist oder gesagt werden kann, finden. — Kein Tier ist so stumpfsinnig, daß es nicht sich selbst von den andern unterschiede und nicht in seiner Art die andern Exemplare derselben

Art als solche erkennte. Aber wer in vernünftigem Leben lebt, findet alles in der Weise des Einsehens (intelligibiliter) in sich, d. h. er findet in sich die Begriffe (notiones) von allem.

Denn die vernunfthafte Kraft faltet alles Erkennbare (intelligibilia) in sich ein. Alles, was ist, ist erkennbar, so wie alles Farbige sichtbar ist. Einiges Sichtbare übersteigt das Sehvermögen, wie etwa überstarkes Licht, und einiges ist so winzig, daß es den Gesichtssinn nicht verändert. Dies wird nicht unmittelbar gesehen; das Übermaß des Sonnenlichtes wird nämlich negativ gesehen, denn das, was gesehen wird, ist nicht die Sonne, weil das Übermaß ihres Lichtes so groß ist, daß man es nicht sehen kann. Und so ist auch das, was man sieht, nicht der unteilbare Punkt, denn der ist kleiner als das, was man sehen kann.

Auf diese Weise sieht die Vernunft negativ die unendliche Wirklichkeit oder Gott und die unendliche Möglichkeit oder die Materie. Das Mittlere sieht sie bejahenderweise in der Einsichts- und Verstandeskraft. Sofern die Seinsweisen also einsichtig sind, betrachtet die Vernunft sie in sich selbst wie in einem lebendigen Spiegel.

Die Vernunft ist also jenes Geld, das auch Geldwechsler ist — so wie Gott jene Münze ist, die auch Münzherr ist[104]. Daher findet die Vernunft die mit ihr zugleich gezeugte Kraft (in sich) vor, jede Münze zu erkennen und zu zählen. Wie aber das lebendige Geld,
die Vernunft, alles geistig (intellectualiter) in sich|sucht 168v
und findet, dafür kannst du irgendein Beispiel nehmen bei dem, was ich im Hinblick auf die Vernunft ausgesprochen habe. Und wer noch strenger als ich sich hineinbegibt, wird es genauer sehen und enthüllen können. — Dies sei denn so vom Münzherrn und Wechsler gesagt.

Albert: Was ich nur einfach vorbrachte, hast du überreich angewendet. Das Folgende höre bitte noch allein zu meiner Belehrung an. Mir scheint nämlich, du willst sagen: Wenn der päpstliche Gulden in vernünftigem Leben leben würde, dann würde er sich jedenfalls als Gulden erkennen und also als Münze dessen, von dem er das Zeichen und Bildnis hat. Denn er würde erkennen, daß er das Guldensein nicht aus sich selbst hat, sondern von dem, der ihm sein Bildnis aufgeprägt hat. 120

Und dadurch, daß er in jeder lebendigen Vernunft ein ähnliches Bild sähe, würde er erkennen, daß alle Münzen dem Selben zu eigen sind. Wenn er also das eine Antlitz in den Zeichen aller Münzen sähe, so würde er die eine Gleichheit, durch die jede Münze ihr wirkliches Bestehen hat, als Ursache jeder möglichen Münze dieses Münzherrn sehen.

Er würde auch gut sehen, daß die Münze, da sie gemünzt worden ist, Münze werden *konnte,* und daß sie vorher münzbar war, bevor sie wirklich gemünzt wurde. Und so würde er in sich die Materie sehen, die das Aufprägen des Zeichens zum Guldensein bestimmte.

Und weil die Münze dem gehört, von dem das Zeichen ist, so hätte sie ihr Sein von der Wahrheit, die im Zeichen ist, und nicht von dem Zeichen, das der Materie aufgeprägt ist. Und er würde auch sehen, daß die eine Wahrheit in den verschiedenen Zeichen die Materie verschiedenartig bestimmt. Denn es können nicht viele Zeichen sein, ohne daß die Verschiedenartigkeit die Vielheit begleitet. Und die Wahrheit kann in den verschiedenen Zeichen auch die Materie nur verschiedenartig bestimmen.

Daher kommt es, daß jedes Geldstück mit dem andern übereinstimmend — sofern sie darin übereinstimmende Geldstücke sind, daß sie Münzen desselben

Münzherrn sind — *und* von ihm unterschieden sein muß, weil sie unter sich verschieden sind. — Solches etwa und vieles andere würde der lebendige Gulden in sich sehen.

121 *Kardinal:* Was ich gesagt habe, hast du alles glatt zusammengefaßt. Doch empfiehl deinem Gedächtnis besonders dies, wie[105] es nur eine wahre, genaue und ganz genügende Form gibt, die alles formt, in den verschiedenen Zeichen verschieden widerstrahlt, und die das Formbare verschieden formt und bestimmt oder in die Wirklichkeit setzt.

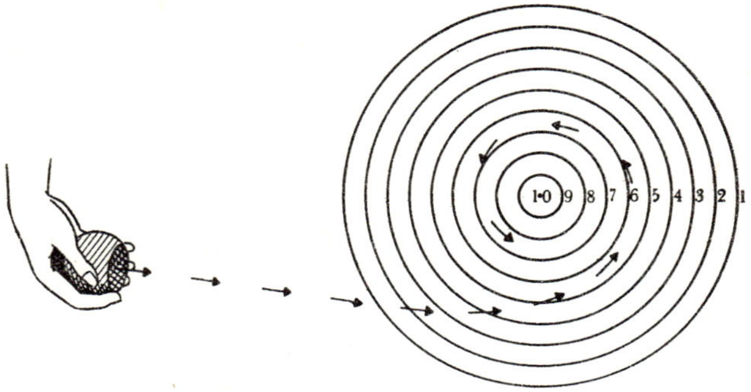

ANMERKUNGEN

ZUM ERSTEN BUCHE VOM GLOBUSSPIEL.

1 Johann, Herzog von Bayern, ist der älteste Sohn von Herzog Albrecht III. von Bayern-München, welcher 1460 starb; da übernahm Johann zusammen mit seinem Bruder Siegismund die Regierung. Vgl. auch den Anfang des zweiten Buches!

2 Rithmatie ist eine Art Zahlenspiel. Vgl. Joh. v. Salisbury, Policraticus I 5 „Jocundum quidam et fructuosum est numerorum nosse certamina" und Ep. 249 (ed. Migne 294) „In rithmatia ludentium hoc indicat jocus, ubi quoties aufertur pyramis intercepta toties concidunt latera ejus". Lefèvre d'Etaples, der Herausgeber der Pariser Ausgabe der Werke von Cusanus (1514), kennt offenbar keine rithmatia, denn er verbessert rythmimachia. — Eine einleuchtende und begründete Erklärung jenes Spieles ist mir nicht bekannt. Die Vermutungen gehen weit auseinander.

3 Das Monochord dient zum Feststellen des Verhältnisses von Tonhöhe und Saitenlänge. Nikolaus erwähnt es ausführlicher im Sermo „Spiritu ambulate" (Verzeichnis von J. Koch Nr. 198).

4 Diese Bemerkung ist äußerst aufschlußreich für die philosophische Lebenshaltung des Cusaners. Vgl. die Einführung.

5 Nikolaus nimmt hier das alte stoische Bild von den Samenkörnern der Wahrheit auf. Seine Lehrsätze — Samenkörner oder, mit einem anderen Bilde, Einfaltungen der

Wahrheit — müssen durch sorgfältige Geistesarbeit entfaltet werden. Wenn ihr Gehalt im hellen Lichte des Bewußtseins ausgebreitet ist, werden sie für die Selbsterkenntnis des Menschen als geistigen Wesens fruchtbar.

6 Querschnitt durch den Globus:

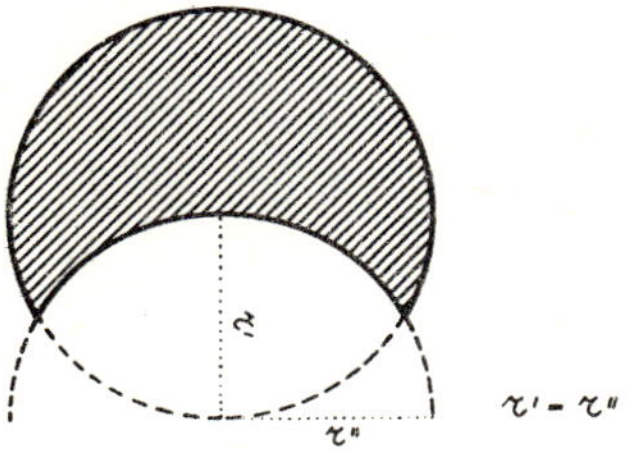

Die beiden Halbkugeloberflächen sind nicht genaue Halbkugeln. Die äußere konvexe Oberfläche wird größer als die Kugelhälfte sein, die innere konkave Oberfläche wird kleiner sein.

7 p hat den Text etwas vereinfacht: „In minore vero impulsu ad motum naturalem minus violentatur — Beim schwächeren Anstoß zur natürlichen Bewegung geschieht ihm weniger Gewalt." Die ursprüngliche Fassung ist aber in ihrer Umständlichkeit präziser. Sie bringt die Tatsache, daß jede Bewegung durch Anstoß gewaltsam ist, noch deutlicher zum Ausdruck.

8 Die Natur des Globus will schneckenförmige Bewegung, die geradlinige ist ihr zuwider.

9 Mit Medium ist vermutlich das Material gemeint, auf dem die Bewegung sich abspielt. Vgl. den Sprachgebrauch in der Optik!

10 Mit diesem Satze dürfte die Meinung, als habe Cusanus in seiner Philosophie den Satz des Widerspruches aufheben wollen, widerlegt sein. Die praktische Erfahrung wird jetzt aus Wesensgesetzlichkeit begründet. Es handelt sich hier um ein Grundprinzip des cusanischen Denkens. Leibniz, der diesen Sachverhalt ausdrückt als principium identitatis indiscernibilium, rückt damit den Satz aus der Sphäre der Metaphysik in die Erkenntnistheorie. Freilich hat auch bei ihm das Prinzip metaphysische Bedeutung, was mit seiner wesentlich an der Erkenntnis orientierten Gesamtkonzeption zusammenhängt.

11 Johann hat noch nicht bemerkt, daß die Betrachtung vom Kardinal schon auf eine höhere, über-empirische Ebene getrieben wurde.

12 Die „ebene“ Oberfläche ist nur eine Luftfläche: a)

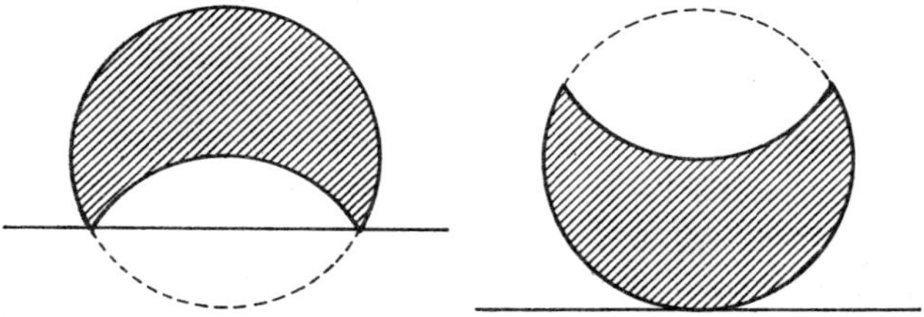

a) b)

Die natürliche Ruhelage des Globus ist dagegen: b)

13 „Stoff des Globus“, so ist hier wohl „medii globi“ zu verstehen.

15 „Der äußerste Grad des Runden“ — „extremitas rotundi“. Im folgenden häufen sich die Substantiva adjektivischer Herkunft. Cusanus braucht sie auch da, wo man das Adjektiv erwartet. Mit dieser sprachlichen Umständlichkeit will er wohl darauf hindeuten, daß sich die Überlegung rein im Reiche der Idee (platonisch verstanden) bewegt und nicht im Reiche der Dinge, die Eigenschaften ‚haben‘.

16 Die Rundheit als solche, nämlich als reine Gestaltqualität, kann nicht zusammengesetzt sein, und der Punkt, der in sich die Rundheit hat, ist als unausgedehnter nicht Teil oder Baustein des Ausgedehnten.

17 Das Äußerste der Rundheit, gleichsam ihre Wesenskonzentration, besteht im Punkte. Die Höhe der Rundheit ist nur e i n e, denn die Radien des Kreises müssen genau gleich sein ohne jede Verschiedenheit. Dann ist aber — nach dem vorher entwickelten Lehrsatz — nur e i n Radius. Der Einwand, daß die genaue Gleichheit durch die zweite Dimension gegeben sei, ist nur geometrisch richtig. Aber in der reinen Idee der Rundheit steckt nicht diese Dimensionalität. Zudem ist es auch denkbar, daß die Längenmaße nicht unabhängig von der Richtung in Fläche oder Raum wären. Dies wiederum hängt ab von der Auffassung von Raum überhaupt; es ist immerhin möglich, „Ausdehnung“, wie das Wort nahelegt, dynamisch zu verstehen. So versteht Cusanus die Zeit auch nicht als vorbestehende Kategorie des Werdens, sondern als Maß der Bewegung, das ohne sie nicht ist.

18 Der Punkt ist wohl als das reine Wesensgebilde zu verstehen, während das Atom Realgebilde ist, welches als Abbild vom Punkt bestimmt ist. Vgl. De mente, cap. 9 n. 119.

19 Vgl. Beryll, Kap. 17.

20 Mit dem Einsehen (intelligere) ist die Stufe der Vernunft (intellectus) über dem Verstande (ratio) erreicht, die geistige Schau. Vgl. dazu etwa De coniect. II cap. 16 n. 168. Über die Stufen der Erkenntnis hören wir auch im 2. Buch vom Globus.

21 So nach den Hss. C und Kr. „Hoc quidem mihi videtur te dicere velle."

22 Hier wird noch einmal ganz deutlich ausgesprochen, daß die Rundheit nichts Ausgedehntes hat, sondern nur die reine Gestaltqualität ist.

23 Die Kleinheit des Atoms ist Minimum, d. h. es gibt nichts Kleineres als das Atom.

24 „Höchstheit" — „summitas". Im Atom ist die Form sozusagen in der Materie, so daß es gleichsam die Form selbst ist. Nikolaus' Philosophie, die das Endliche aus der Immanenz des (dennoch transzendent bleibenden) Ewigen versteht, unterscheidet sich hier vom „Platonismus".

25 Mercurius oder Hermes Trismegistos galt im Mittelalter als Künder tiefer ägyptischer Weisheit. Unter seinem Namen lief eine Reihe von Schriften älteren und jüngeren Datums. (Hermetis Trismegisti Poemander. ed. Parthey Bln. 1854; Walter Scott, Hermetica. 3 Bde. London 1924—26).

26 Das sich-Nähern, Heranreichen (accedere) des Bildes an das Urbild ist der Grenzfall. Hier werden schon die reinen Qualitäten des Urbildes gesehen.

27 Das Problem von der Möglichkeit zum Sein und von der Materie wird später ausführlich behandelt, vgl. n. 44—49.

28 Die Drucke a und p haben hier „verisimiliter vera", die Hss. C und Kr aber „universaliter vera". Die Regel erscheint auch unter dem Namen der „regula doctae ignorantiae". Doct. ign. I 3; De venat. sap., cap. 26.

29 Die Drucke a und p haben hier „posse fieri perfectior", die Hss. „posse esse perfectior".

30 So nach den Hss.: „qua nulla maior est", die Drucke a und p haben „. . . maior esse potest".

31 Die Rundheit der Welt ist schon der Dimension und Extension verbunden. Das All (universum) ist ja zusammengezogen (contracte), nicht absolut, wie das II. Buch der Doct. ign. ausführt. Das bedeutet zugleich, daß es nicht unendlich ist im Sinne der wesenhaft erfüllten Unendlichkeit, sondern bloß ohne begrifflich faßbare Grenze „privative infinitum". Immerhin ist es das vollkommenste Abbild des absoluten Urbildes. Und an dieser Abbildvollkommenheit des Alls nehmen die einzelnen runden Dinge teil.

32 So nach Kr: „ipsa rotunditas qua maior esse nequit". C und a lassen „esse nequit" aus; p verbessert „maior non est".

33 Die Drucke a und p haben hier „trinitatis" statt „aeternitatis".

34 Es ist wichtig, diese Einschränkung wohl zu beachten. Die „Ewigkeit der Welt" als Eigenschaft verstanden ist ebenso wie ihre Unendlichkeit nur contracte, nicht absolut.

35 Das entscheidende Argument liegt in der Vergangenheitsform „wahr gewesen zu behaupten ...", d. h. es gab keine Z e i t, in der die Welt nicht war. Vor Erschaffung der Welt war keine Zeit.

36 II. Kor. 4, 18 „quae enim videntur temporalia sunt, quae autem non videntur aeterna sunt".

37 Baruch 3, 32.

38 Ps. 113, 11; 134; Jona 1, 14 u. a.

39 Daß alles Machen ein gemacht-werden-Können voraussetzt, ist ein seit Aristoteles anerkannter Satz. Aber beim Cusaner hat er metaphysische Bedeutung, vgl. De venatione sapientiae, cap. 3.

40 Gerade auf der Tatsache, daß Gott in der Welt nicht alles so vollkommen gemacht hat, wie es denkbar für uns wäre, beruht der hohe Beruf des Menschen, der als freies Wesen durch Mitschaffen an der Vollkommenheit teilgewinnen kann. Vgl. weiter unten die Ausführungen über den Menschen als Mikrokosmos oder als Wechsler. — Den Gedanken, daß eine schlechthin vollkommene Welt den sittlichen Beruf des Menschen als Mittler der Werte geradezu ausschließe, vertrat in unseren Tagen Nicolai Hartmann. Beim Cusaner steht dieser Gedanke noch ganz im Zusammenhang des katholischen *Glaubens,* der die menschliche Freiheit als

Glied im Schöpfungsplane weiß. N. Hartmann weist auf die Antinomie zwischen Teleologie der Welt und Freiheit des Menschen und entscheidet sich für die letztere. Aber metaphysisch gesehen ist die Freiheit mit ihren Hauptwesenszügen geradezu ein klassischer Ort von coincidentia oppositorum.

41 Vgl. Doct. ign. II, 13; De coniect. II, 14. n. 142.

42 Der Text des Hss. und Drucke lautet hier „Primum noto dum de motu globi a puncto ubi statur ...“

43 Vgl. Compendium, cap. 12. n. 37.

44 Diese Gedankengänge entstammen der griechischen Astronomie und sind dem Mittelalter geläufig. Die letzte (äußerste) Sphäre ist der Fixsternhimmel.

45 Vgl. Platon, Phaidros 245 C ff

46 „all dein (Verhalten)“ — „cuncta tua“.

47 Die Seele ist die Kraft der verschiedenen Kräfte, d. h. der Ursprung der Geistes- und Lebenstätigkeiten. In der Formel verbirgt sich das große Prinzip der Complicatio — Einfaltung. Die einzelnen Seelenkräfte sind in der Seele eingefaltet. Darum ist die Seele in jeder einzelnen Seelenkraft auch ganz gegenwärtig, wie weiter unten ausgeführt wird.

48 „quaelibet pars virtutis de toto verificetur.“ Wörtlich also „Jedweder Teil der Kraft wird vom Ganzen der Kraft wahrgemacht“.

50 Die Totalpräsenz der Seele an jedem Orte ihrer Wirksamkeit bedeutet also keine Räumlichkeit der Seele; sondern nur die Funktion der Seele im räumlichen Körper ist räumlich. Man könnte vielleicht sagen: der Körper ist substantiell räumlich, die Seele akzidentell.

51 Diese Analogie ist nicht zu pressen. Vgl. die späteren Ausführungen über die Weltseele!

52 Vgl. Pater noster deutsch, Koch-Teske Nr. 29. „Wulde dyn finger, das dyn sele in ime lebet, so muss dyn finger vereinget syn dem libe und durch den lip der selen. Want scheides du den finger von der selen, durch das du den finger von dem libe snides, so scheides du in von dem leben.“

53 Diese Frage von Johann zeigt, daß er die vollkommene natürliche Bewegung der Rundheit selbst nicht als räumliche Bewegung interpretiert — er weiß ja, daß die Seele nicht räumlich ist —, sondern daß die vom Symbol der geometrischen Kugel her geschauten reinen Qualitäten auch auf

über-räumlicher Ebene gesucht werden können. Die Antwort des Kardinals „aequivoce“ ist der Ausdruck dieser Übertragung der Bewegungsqualität auf eine höhere Ebene.

54 Aristoteles, Cat. 14. „Werden und Vergehen, Wachsen und Abnehmen, Anderswerden (qualitative Veränderung) und Ortsveränderung.“ Vgl. auch Platon, Timaios 34 A und 43 B.

55 „Gedanke“, so haben wir hier und im folgenden „ratio“ übertragen.

56 Platon, Timaios 35 A. Vgl. auch Adelhard von Bath, De eodem et diverso; Nikolaus von Kues, Sermo 198.

57 Die Übersetzung folgt hier der Hs. Kr; C und die Drucke haben eine Auslassung im Text.

58 Joh. 11, 25.

59 So nach den Hss. „Et dum quaero determinationem animae, quid sit anima, nonne cogito et considero?“ Die Drucke a und p haben non statt nonne.

60 Vgl. Der Laie über den Geist. Kap. 11 n. 133.

61 Vgl. Liber de causis, prop. 4, 10 et 17.

62 In der Dreieinigkeit ist die Einheit der selben Natur in den drei Personen; das eben macht die Vollkommenheit der Hl. Dreifaltigkeit aus. — Die Betrachtung des dreieinigen Wesens Gottes spielt im cusanischen Denken eine große Rolle, nicht bloß in seiner Polemik gegen den Islam. Wir werden im 2. Buch vom Globus sehen, wie die Dreieinigkeit das Vorbild aller Ordnung ist. Im mittelalterlichen Denken hat die Trinitätsspekulation überhaupt eine große Bedeutung gehabt, angefangen von Boëthius und Augustinus. Man sah darin nicht nur einen Weg zur Gotteserkenntnis, sondern auch zum Verständnis der Welt.

63 Vgl. Der Laie über den Geist. Kap. 5 n. 82 und 83.

64 Liber de causis 8 „sicut natura regit res, quae sunt sub ea, per virtutem intelligentiae“.

65 So nach C und a „in primis nos tamen libere moveri, sed ex necessitate naturae ....“; Kr lautet „in primis nos non libere moveri, sed ....“, also daß wir „uns bei der ersteren nicht frei bewegen ....“ Aber es scheint doch wohl zutreffender zu sein, mit C noch einen Unterschied zwischen dem animalischen Leben des Menschen und dem des Tieres zu sehen.

66 Vgl. Dionysius Areopagita, De divinis nominibus, cap. 4 § 23.

67 Aristoteles, Von der Seele II Kap. 3 414b 31; vgl. Doct. ign. I, cap. 11 n. 32.

68 Sermo „Una oblacione“ (Koch Nr. 177) p 102 r.

69 Vgl. de coniect. II, cap. 14 n. 143; Doct. ign. III, cap. 3 n. 198. Der Mikrokosmosgedanke stammt aus der griechischen Naturphilosophie. Vgl. W. Capelle, Die Vorsokratiker S. 108 f. (Kröner 1935).

70 Vgl. Doct. ign. II, cap. 10, De mente, cap. 13 n. 145 und 146.

71 Rund ist der reine Gestaltcharakter, kreisförmig bezieht ihn auf die Bewegungsebene.

72 Wie diese Einfaltung zu denken ist, dafür gibt das oben genannte Aristoteleszitat vom Enthaltensein des Dreiecks im Viereck einen Anhaltspunkt; der Kreis ist die Einfaltung aller Vielecke als Unendlicheck.

73 Vgl. Doct. ign. II, cap. 9. Die platonische Lehre von der Weltseele wurde besonders durch Thierry von Chartres und seine Schule vertreten.

75 Vgl. De coniect. II, cap. 14, n. 144.

76 Tatsächlich herrschten aber in Böhmen, als es unter Heinrich I. zum Deutschen Reiche kam, die Przmysliden. Böhmen hatte also damals seinen eigenen König. Unter Karl d. Gr. war es nur tributpflichtig, aber kein Teil seines Reiches. — Andererseits ist das Deutsche Reich aber die Fortsetzung des Römischen Imperiums, und Böhmen ist unter dem Kaiser Marcus Aurelius in schweren Kämpfen zur Sicherung der römischen Nordfront dem Reiche in etwa angegliedert worden (173 n. Chr.). Es ist möglich, daß Nikolaus an die römische Tradition Böhmens denkt.

77 Diese Bemerkung deutet auf ernsthafte Differenzen mit dem böhmischen König. Am 12. August 1462, auf dem Landtag zu Prag, erklärte sich Georg Podiebrad fest für die Communio sub utraque specie. Damit brach er den geheimen Eid, mit dem er sich verpflichtet hatte, den katholischen Glauben gegen Häresie zu schützen. Am 14. August ließ er den Nuntius Fantini, welcher scharf protestiert hatte, verhaften. Daraufhin brach ein offener Streit mit der Kurie aus. Papst Pius II. begann den Prozeß gegen ihn. Schließlich erklärte Papst Paul II. ihn am 29. Dezember 1466 als rückfälligen Ketzer aller Würden verlustig. — Die Abfassung des Buches vom Globusspiel kann also nur in die Zeit nach Ausbruch des

offenen Konfliktes fallen, d. h. nicht vor den Herbst des Jahres 1462.

78 Vgl. De coniect II, cap. 14 f.; Doct. ign. II, cap. 12 n. 169 und III, cap. 3. Auch das ganze Buch De mente gehört hierher.

79 „Seinsweise" — modus. Nikolaus nimmt hier, wie auch schon in Doct. ign. II cap. 7 ff. die von der Schule von Chartres gepflegte Spekulation über die modi essendi, die Seinsweisen, auf. Der Begriff des modus bzw. modus essendi ist aber für Nikolaus noch nicht streng begrenzt als „wirklich, möglich oder notwendig sein". Gelegentlich gebraucht er den Begriff für Wesensqualitäten, Manifestationsweisen von etwas.

80 Vgl. Können-Ist, n. 47, De venatione, cap. 3 n. 7.

81 Vgl. Doct. ign. I, cap. 4. Durchgehend im Werk des Cusaners ist diese Formel die Grundlage des Gottesbegriffs.

82 Vgl. De venatione, cap. 7 n. 16.

83 So nach den Hss. „aliquid esse", p hat „aliquod esse".

84 Vgl. Augustinus, Gottesstaat XII, cap. 6; ähnlich XIV, cap. 13 u. a.

85 So nach C, Kr und a „non ... ex seipsa" (i. e. materia).

86 Vgl. Können-Ist, n. 12; Vom Ursprung, h. Nr. 14. Die Lehre, daß Gott dreifache Ursache (tricausalis) ist, findet sich auch bei Thierry v. Chartres, De sex dierum operibus.

86a So nach Kr: „quae non causat aliquid cum non sit aliquid".

87 Vgl. Beryll, Kap. 17, h.

88 „Bestimmte Möglichkeit" ist die Seinsweise des Möglichen, sofern es von der Wirklichkeit umgrenzt und bestimmt ist. Dieser Modus fällt nicht mit der Wirklichkeit zusammen. Wie es später heißt, Ende des 2. Buches, „iste homo, ille florenus" ist „possibilitas determinata". Aber der Mensch muß „actu et opere" im Handeln, d. i. aus Freiheit, seinen Beruf erfüllen und seine Wirklichkeit voll bestimmen, um das, was er sein kann, wirklich zu sein — nach dem Vorbilde Gottes.

89 Nikolaus war damals mindestens 61 Jahre alt. Mit 63 Jahren starb er.

90 Diese Stelle vom „häufigen Gelächter" fehlt in C und daher auch in den Drucken. Sie lautet in Kr „.... libenter ludunt propter crebrum risum, qui ex vario et numquam certo cursu contingit..." Sie zeigt, wie bei Nikolaus das

Philosophieren dem Weisheitsspiel nichts von seiner Fröhlichkeit nimmt. Im Gegenteil; der Vergleich des Globuslaufes mit dem Leben des einzelnen Menschen gibt auch der menschlichen Armseligkeit einen heiteren Schimmer, wie ihn nur liebevoller Humor zu geben vermag.

91 Die 34 Lebensjahre Christi sind aus der alten Zählweise zu verstehen, die Anfang und Ende mitzählt. So sprechen wir noch von „8 Tagen“ und meinen eine Woche von 7 Tagen.

92 I. Petr. 2, 21.

93 Vgl. Joh. 14, 2.

94 So nach Kr; C und die Drucke haben locus statt globus.

95 Hier denkt Nikolaus gewiß an hochstehende islamische Denker, wie er ja auch in seinen Auseinandersetzungen mit dem Islam diesem die Achtung nicht versagte.

96 Vgl. Augustinus, Gottesstaat XIII, Kap. 7. Es handelt sich um die Christgläubigen, die in der Verfolgungszeit sich durch ihr Bekenntnis den Tod zuzogen, ohne doch schon vorher durch die Taufe Anteil am Ewigen Leben empfangen zu haben. Von diesen ungetauften Märtyrern lehrt die Kirche, daß sie durch ihr Sterben die Taufgnade erlangt haben („Bluttaufe“).

97 Für den Philosophen, der sein Denken auf den Grundsatz der Docta ignorantia gründet, auf das nulla praecisio in finitis, ist das sichere Haben der Wahrheit die Gewißheit der Vollendung, das auszeichnende Merkmal der Seligkeit.

98 Gal. 2, 20.

99 p schreibt „Ut video“ statt „Tu vides quam ...“

100 Diese Betonung der Kraft des Glaubens mutet fast wie ein Vorklang der Reformation an. Aber Nikolaus versteht unter Glauben die feste, vertrauende Bindung des Menschen an die objektive Wahrheit, wodurch das gesamte Leben und Handeln des Gläubigen geformt wird. Nicht so sehr der Glaubens a k t als vielmehr der Gegenstand des Glaubens bestimmt den Begriff. Vgl. Können-Ist, n. 32—39. „Den Glauben sehen, heißt also, das Unsichtbare, Ewige sehen, d. h. unsern Gott“ (n. 39).

101 Aristoteles, 1. Anal. 42a u. a.

102 „Sed quia non possumus eum in via nec impetum adhibuimus ad hoc necessarium ...“ C schreibt „posuimus“ statt possumus, was folgenden Sinn ergibt: „Aber weil wir

ihn nicht (so wie es notwendig ist) auf den Weg gesetzt haben und ihm nicht den Antrieb gegeben haben, der dazu nötig ist..."

103 Vgl. Doct. ign. II, cap. 9. Die unausweichliche Notwendigkeit der Verknüpfung ist keineswegs das blindwaltende Fatum, sie ist auch nicht zu verwechseln mit der absoluten Notwendigkeit, die in Gottes Willen liegt und identisch ist mit ihm. Während nämlich diese alles in sich umfaßt, läßt die Notwendigkeit der Verknüpfung den Raum des spezifisch Menschlichen, des freien Willens, neben und außer sich. Sie betrifft vielmehr die Voraussetzungen, unter denen der freie Wille sich bewegt.

104 „sic se habet", nach den Hss. Die Drucke a und p haben „si se habet".

105 „hoc non evenit", d. h. diese allmächtige Notwendigkeit ist nicht entscheidend für das individuelle Verhalten des Menschen.

106 Vgl. Platon, Staat, 10. Buch (617 e).

107 So nach Kr; C, a und p haben „cibum immortalem".

108 I. Tim. 6, 15.

ANMERKUNGEN ZUM ZWEITEN BUCH

1 Nach Riezler, Geschichte Baierns, Bd. III, der freilich nicht in allen Angaben zuverlässig ist, muß es sich bei Johannes und Albert um Söhne von Herzog Albrecht III., dem Frommen, von Bayern-München handeln. Dieser ist allerdings nicht Pfalzgraf gewesen, aber ein solcher Gedächtnisfehler des Kardinals besagt wohl nicht viel. Johann, der von Albert als (consanguineus) Blutsverwandter bezeichnet wird, war sein ältester Bruder. Albrecht III. starb 1460, darauf übernahmen seine Söhne Johann und Siegismund die Regierung. Aber Johann starb schon 1464. Als er, 1460, die Herrschaft antrat, war er 22 Jahre alt, Albert 12 und Wolfgang 8 Jahre. — Man hat früher das Gespräch in das Jahr 1460 verlegen wollen, weil Johannes als regierender Herzog nicht mehr in Rom gewesen sei. Aber daß Nikolaus sein Gespräch mit einem 12jährigen Knaben geführt haben soll, ist doch zu unwahrscheinlich. — Die Bemerkung über den Böhmenkönig im 1. Buche, welche auf den Herbst des Jahres 1462 verweist, gibt einen besseren Anhaltspunkt. Im übrigen ging im September 1462 eine bayrische Gesandtschaft nach Mantua, um die Eheberedung für Margarete, eine der Schwestern Johanns, mit dem Markgrafen Ludwig Gonzaga zu führen. Im folgenden Frühjahr fand die Hochzeit statt. Auch Riezler nimmt an, daß dies der Anlaß zu einem Studienaufenthalt der jüngeren Brüder in Italien gewesen sei. In den folgenden Jahren finden wir Albert und Wolfgang in Perugia, Bologna und Rom. Es ist wohl möglich, daß Johann selbst zugleich mit den Verhandlungen wegen der Hochzeit seiner Schwester sich um die spätere Laufbahn seiner Brüder bekümmerte, die nach dem Willen des Vaters geistlich werden sollten — um etwaigen Herrschaftsansprüchen vorzubeugen. Wenn die Anwesenheit Johanns in Rom eine Fiktion des Kardinals sein sollte, so doch jedenfalls eine naheliegende. — Eine Bemerkung in Kap. 22 von „De venatione sapientiae“ (Ende 1462 geschrieben) könnte vielleicht auf unser Buch zu beziehen sein. Danach wäre es in Orvieto geschrieben. Nikolaus spricht im besagten Kapitel von der Einheit und der Einzigartigkeit (singularitas). Der Inhalt berührt sich unbedingt mit unserm „Buch vom Globus“, wie es die Handschriften am Schluß des zweiten Buches kurzweg nennen. Der Terminus „singulare“ erscheint allerdings nicht in unserer Schrift. Trotzdem halte ich es für möglich, daß Nikolaus mit dem „Büchlein von der Gestalt der Welt“ (Liber de figura mundi), „das er jüngst in

Orvieto geschrieben", unser Globusbuch meint, besonders im Hinblick auf die Partien des ersten Buches, die von der Rundheit, und das ist ja die Gestalt der Welt, handeln. Aber es darf nicht angenommen werden, daß der Schauplatz des Gespräches Orvieto sei, denn die Stadt, wo man die Bekanntschaft des Papstes und der Kardinäle machte, muß Rom sein.

2 Die Freundschaft Allbrechts III. bewährte sich bei den politischen Schwierigkeiten, mit denen Nikolaus als Bischof von Brixen jahrelang zu kämpfen hatte, und in der Unterstützung seiner Reformen.

3 Vgl. „Vom Ursprunge" h Nr. 6 (daselbst der Hinweis auf Proklos) und Nr. 15.

4 Die Einheit wird hier streng von der Quantität unterschieden, sie bleibt unverändert dieselbe Einheit, unabhängig von Wachstum oder Abnahme dessen, wovon sie Einheit ist. Der lateinische Ausdruck continere, den wir hier mit „zusammenhalten" wiedergeben, bedeutet zugleich „enthalten", was den Gegensatz von Einheit und Quantität noch schärfer macht.

5 ‚an cuncta quae vides putas aliquid existere?'

6 ‚esse absolutum, quod creatorem omnium, quae sunt, credimus' haben wir mit Absicht etwas voller übersetzt. Beim Cusaner sind Glauben und Erkennen stets innig miteinander verbunden. Mit der Glaubensaussage wird der Inhalt dessen, was das absolute Sein ist, erläutert.

7 ‚contractum'. Man muß die beiden Momente des endlich Beschränkten und des aus der unbestimmten Möglichkeit zu bestimmter (Abbild-)Form Zusammengezogenen in eins denken.

8 ‚qui quantus est'.

9 ‚et nisi in contentis foret h o c verum non esse'. hoc haben wir bezogen auf ‚in esse ipso, quod est supra imaginationem, omnia .... contineri'.

11 Joh. 11, 25 bzw. 14, 6.

12 So nach den Hss. Die Drucke a und p haben ‚extra motum'.

13 Im Gespräch vom Können-Ist erklärt Nikolaus dieses Verhältnis mit dem Bilde des Kreisels (n. 18—22). Aber hier ist die Betrachtung strenger durchgeführt. Der Mittelpunkt in sich selbst ist völlig ruhend, aber von der Kreisbewegung, d. h. vom geschöpflichen Leben her, zeigt er sich als unend-

liche Bewegung. So ist Christus als Gott betrachtet, völlig ruhend, aber als Menschensohn, Leben und Auferstehung der Menschen, ist er unendliche Bewegung. Vgl. auch Doct. ign. II, cap. 10 n. 155.

14 Eph. 3, 13. a und p schreiben aeternitas.

15 Joh. 10, 7; und 14, 6.

16 Joh. 10, 30; 10, 38; 8, 9; 14, 9 ff.

17 Ps. 87, 7.

18 Alberts Frage läßt den protestantischen Zweifel an einer Ordnung der Heiligkeit vorklingen. Für ihn gibt es im Meer der vollkommenen Gottesliebe keine Stufen, weil er nur auf die subjektive Seligkeit achtet, die für alle gleich vollkommen ist.

19 In dieser Fassung steht das Gleichnis nicht im NT. Es ist aus dem Gespräch des Herrn mit der Samariterin, den eucharistischen Reden, einigen Gleichnissen vom Himmelreich, von der Wiederkunft Christi zusammen inspiriert — insofern sehr charakteristisch für das Denken des Cusaners. Vgl. auch Doct. ign., III, cap. 12.

21 Die „ganze Breite des Lebensbereiches" kann als eine Kreislinie aufgefaßt werden, die vom Lebensquell ausströmt und durch seine ewige Kraft stets in der ganzen Breite gegenwärtig ist. Die Teilhabenden stehen dem Lebensquell mehr oder weniger nahe; jeder empfängt das Leben ungeteilt in seinem individuellen Kreise, denn es gibt „eine unzählbare Menge von Umkreisen (circumferentiarum)". Gleichwohl besteht im Lebensbereich auch eine wesenhafte Ordnung.

22 Die Kreislinie, welche Mittelpunkt ist, hat die mathematische Natur aller Kreislinien, nämlich die stetige Richtungsänderung in der Herumführung um den Mittelpunkt im Abstande null.

24 Hypostatische Union ist der theologische Terminus für die Vereinigung der beiden Naturen in der Person des Gottmenschen Christus.

26 Die beiden Handschriften und die Drucke a und p haben hier ‚complicantur'. Sinnentsprechend aber ist ‚explicantur', wie wir auch übersetzt haben; denn die Vielheit der neun Akzidentien kann als solche nicht Medium der complicatio, der Einfaltung, sein. Eine sinnstörende Verwechslung von complicatio und explicatio kommt in der Überlieferung häufiger vor. Vgl. die Akad. Ausg. der Doct. ign., z. B. p. 69, 15; p. 96,3; p. 152, 4.

27 ‚angelus magni consilii': ältere Version (nach der Septuaginta) von Jesaias 9, 6. Das Spiel mit dem Worte ‚angelus' Engel, Bote, Verkünder, läßt sich in der Übersetzung nicht nachbilden.

28 Die Schau richtet sich immer auf die nächsthöhere Ordnung. De coniect. I, cap. 13 n. 67.

29 Vgl. Der Laie über den Geist, Kap. 6, und Vom Ursprung, n. 39.

30 Vgl. Anm. 6.

31 In Gott ist das Erkennen nicht etwas an seinem Wesen, das von seinem übrigen Wesen verschieden wäre, denn sein Wesen ist in allem, was er tut, ganz. Ebenso lehrt Thomas v. Aquino.

32 Gottes Sein ist der Ursprung des Seins, platonisch als Urbild, Seinsheit, gefaßt. Kraft dieses Seins hat er die Erkenntnis alles Seienden. Darum bedarf er keiner nachträglichen Unterscheidung.

32a ‚sic contingit'.

33 ‚contingenter se habet'. Mangel und Beraubung sind nicht wesensnotwendig, sondern nur nicht unmöglich; ihrem Auftreten steht keine Notwendigkeit entgegen, die Gelegenheit ist für sie offen.

34 Das Sündigenkönnen erscheint hier in der Reihe der Übel! Wie die übrigen christlichen Denker des MA sieht auch Nikolaus das Wesen der menschlichen Freiheit nicht als Fähigkeit zum Guten und Bösen; sondern das Böse ist Mißbrauch und Selbstzerstörung der Freiheit. Darum ist sündigen-können auch kein Können im eigentlichen Sinne. Vgl. Vis. dei, cap. 4.

35 Vgl. De aequalitate, p 15 v Alteritas non potest esse forma ...

36 So nach den Hss. ‚nec ipsa in entitate'.

37 Vgl. Der Laie über den Geist, Kap. 6 n. 96.

38 Man darf hier weniger das Verknüpfen getrennter Stücke als vielmehr den Zusammenhalt sehen, welchen das Sein als Einheit und Seinsheit allem Seienden gibt.

39 Die Übersetzung folgt hier der Auffassung von p, das in den Text ‚esse' einschiebt: quod non sunt, esse plura. C lautet: ‚quod non sunt plura'; Kr: ‚quod sunt plura', was entschieden einfacher ist. Die Vielheit stammt nicht aus der Einheit als solcher. Aber sofern das Sein in der Einheit besteht, ist Vielheit Nicht-sein. Vgl. Vom Ursprung Nr. 30! Immerhin

könnte man auch der Lesart von Kr folgend sagen ‚haben es nicht von der Einheit oder Seinsheit, daß sie mehrere sind'.

40 Als Personen sind sie unterschieden, aber in der Natur sind die Personen gleich. p hat die Stelle ‚Aequalitas non potest esse nisi diversarum aequalium hypostasum ... korrigiert in „... nisi diversarum aequalitas hypostaseon ...' Cusanus aber sagt beide Momente, Verschiedenheit und Gleichheit, von den Personen aus. Es ist ja das Einzigartige der Dreieinigkeit, daß sie in Unterschied *und* Gleichheit, Dreiheit *und* Einheit besteht. Vgl. die Formulierungen des ‚Athanasianum' (Symbolum Quicumque, Denzinger-Umberg Freiburg 1947, Nr. 39).

41 Dieser Satz ist nicht polemisch gegen eine analogia entis zu verstehen, sondern ist selbst ihre dialektische Kehrseite und bezieht sich auch nur auf das Sein des ‚contracte' Seienden. Das Problem der analogia steht für den Cusaner unter diesem Namen nicht zur Debatte, wohl aber implicite im Begriff der participatio. Die systematischen Zusammenhänge könnten in einer tiefergreifenden Analyse sehr wohl aufgedeckt werden. Vgl. Vom Ursprung, Einl. S. 26!

42 So nach Kr ‚quia in omnibus et singulis entitatis et aequalitatis nexus'.

43 Die Spekulation über die Dreieinheit von Einheit (Seinsheit), Gleichheit und Verknüpfung, von Augustinus und Eckhart beeinflußt, ist an vielen Stellen von Nikolaus' Werken zu finden. Vgl. besonders De aequalitate.

44 Dieser Weise ist „Hermes Trismegistos". Zu dem angeführten Spruch vgl. die eingehende Arbeit von Dietrich Mahnke: Unendliche Sphäre und Allmittelpunkt. (Halle 1937.)

45 Auch wenn ich zehn mal ‚eins' geschrieben habe, so habe ich nur ein ‚eins' geschrieben und nicht ‚zehn'.

46 Die Identität des geschriebenen Wortes ist ein Bild der Identität des Real-Allgemeinen in allem und jedem Einzelnen. Das Wort Unum (Eines) enthält beide Identitäten: 1. die Identität des geschriebenen Wortes und 2. die Identität des Einen, welches durch die Einheit alles erst zum Seienden macht: die Einheit, welche Seinsheit ist.

46a ‚Uti' nach den Hss.

47 Als Ursprung schlechthin hat Gott alles in sich, was von ihm her und durch ihn ist. Der Punkt und das Eine als die zusammenfaltenden Ursprünge von Größe und Vielheit (dem Gegenstande des mathematischen Denkens) weisen mit ihrem Ursprungsein zurück auf Gott als den Ursprung aller Ursprünge, als die Zusammenfaltung aller Zusammenfaltungen.

48 Siehe Buch I, Anm. 61.

49 ‚Esto igitur ens esse omnium existentium complicationem'. Die Einführung des ‚ens' an dieser Stelle macht den Gedankengang etwas undurchsichtig. Möglicherweise ist dies complicativ Seiende mit dem Universum zu identifizieren (Docta ignorantia, Buch II). Denn von Gott spricht Nikolaus nicht als ens, sondern vielmehr als esse ipsum oder entitas. So ist also im folgenden zu unterscheiden: 1. die seienden Dinge, entia, 2. das Seiende, das alle zusammenfaltet, ens: complicatio, 3. die Seinsheit des Seienden, entitas entium.

50 ‚Nec aliud est dicere Deum esse in omnibus quam quod entitas est in ente omnia complicante.' Man könnte ebensowohl übersetzen, daß Er die Seinsheit im Seienden ist' wie oben, als auch ‚daß die Seinsheit im Seienden ist'. Es kommt aber *hier* weniger auf die Aussage ‚Deus est entitas' an als auf die Erläuterung des In-seins Gottes durch das Seinsprinzip.

51 Der Einwand von Albert will die einseitige Abhängigkeit der Welt vom Schöpfer herausstellen, welche ihm durch die behauptete Immanenz zu einer Wechselbedingtheit zu werden droht — wie es tatsächlich in manchen Aussagen der Mystiker anklingt.

52 Aber sein Einwand trifft nicht zu, insofern er nur einen zeitlichen Ewigkeitsbegriff — ewige Dauer — für den Schöpfer ansetzt. Denn auch die Welt kann „ewig" genannt werden (Buch I!), weil sie keinen Anfang *in* der Zeit hatte. Zeitlichkeit setzt *Etwas* voraus, das zeitlich ist. So ist „Zeit" selbst ein Geschöpf und nichts vor der Schöpfung Bestehendes.

53 Dieser Satzschluß ist eine Ergänzung von Lefèvre d'Etaples, dem Herausgeber des Pariser Druckes. Die handschriftliche Überlieferung sowie der Erstdruck hat hier eine offensichtliche Lücke. — Gott hat jedenfalls kein *zeitliches* Prius vor den Geschöpfen, sondern das ewige Prius.

55 So nach den Hss. ,imaginati*oni* coniuncta'.

56 Vgl. Der Laie über den Geist, besonders Kap. 4 n. 77 und Kap. 7 n. 104.

57 Der hier nur flüchtig angedeutete Gedankengang scheint eine Entsprechung zwischen der durch den Fall pervertierten und scheiternden Erkenntnisbestätigung einerseits und den Stufen der wahren Erkenntnis andererseits zu meinen. Ob das im einzelnen durchführbar ist, dürfte weniger von Bedeutung sein als die Tatsache, daß die Perversion auch im Gebiet der Erkenntnis selbst ihre furchtbaren Folgen hat. Und so ist hier der wahren Erkenntnis nicht die Unwissenheit, sondern die Ungewißheit entgegengesetzt, die Unmöglichkeit der Affirmation und Negation, die Fesselung des Urteilsvermögens. Das ist die absolute Skepsis, nun aber nicht als freiwillige Enthaltung geübt, sondern im ohnmächtig unendlichen Zirkel, welchem der *Akt* des Zweifels fundamentaler ist als seine notwendige Voraussetzung: die Beziehung jedes Verstandesaktes auf mögliche Wahrheitserkenntnis. Wird diese wahrhaft fundamentale, für den Verstand un-aufhebbare Voraussetzung selbst in Zweifel gezogen, so bedeutet das den absoluten Fall, den ,ewigen Tod' der Erkenntnis, die Hölle des Geistes, welcher Sophisten und Pragmatisten aller Art den Weg bereiten. In der Tat ist auch im Phänomen des Urteils und des Zweifels stets ein Willensmoment enthalten; damit sind Freiheit und Schuld hier notwendig im Spiel.

58 ,sive discretiva ac proportionativa' steht nur in Kr.

59 Jedes Seiende ist auch Eines (ens est unum). Gott als Einheit ist zugleich Seinsheit, d. i. Ursprung des Seins der Seienden. Die Seele ist nur erkennend einfaltende Einheit des Erkannten, Gott ist seinsgebende Einheit des Seienden, darum *hat* er auch seine Erkenntnis und bedarf dazu nicht eines besonderen Vermögens oder Erkenntnisaktes.

60 Einheit und Seinsheit der Seele sind je eigentümlich, zusammengezogen in die Besonderung des Einzeldaseins, während Gott absolut Einheit und Seinsheit ,in omnibus et singulis', d. h. über dem Gegensatz des Allgemeinen und Besonderen ist.

61 Mit dieser These müßte man die Kantische Lehre von der transzendentalen Einheit der Apperzeption vergleichen

und sich dann fragen, ob der Begriff der complicatio (Einfaltung, Zusammenfaltung) nicht fundamentaler für das Problem der Einheit in der Erkenntnis ist als die Synthesis, welche nur zu leicht metaphysisch einen subjektiven Idealismus herbeiführt.

62 Die zehn Kategorien des Aristoteles: die Substanz mit ihren neun Akzidentien, nämlich Quantität, Qualität, Relation, Ort, Zeit, Zustand, Lage, Tun, Leiden.

63 Die fünf Universalien des Porphyrios: genus (Gattung), species (Art), differentia (artbildender Unterschied), proprium (notwendige Eigenschaft), accidens (zufällige Eigenschaft).

64 Astronomisches Meßgerät, um den Stand der Sterne zu bestimmen.

65 Es scheint in dem Gedankengang ein Fehlschluß vorzuliegen. Denn wenn man zugibt, daß die Seele die Zeit wirklich nur als Maß der Bewegung, somit als Werkzeug habe, dann folgt, daß die Seele ihrer Substanz nach nichts mit der Zeit zu tun hat. Wenn aber gesagt wird, die Seele sei immerwährend, so wird gerade Zeitlichkeit, nämlich zeitliche Dauer, von der Seele ausgesagt, und dann ist die Seele doch etwas Zeitliches. Aber es ist zu bedenken, daß die immerwährende Dauer das *Bild* der Ewigkeit im Zeitlichen ist. Bei dem Bilde kommt es nicht auf seine Materie an, sondern vielmehr auf das Abgebildete. Die Seele ist ‚immerwährend' will sagen: sie hat teil an der Ewigkeit. Das bedeutet, daß sie — auch in der Zeit seiend — doch dem zeitlichen Wandel nicht unterworfen ist: sie bleibt. Dieses Bleiben spiegelt sich im Fluß der Zeit als ewige Dauer. — Ferner bedenke man, daß Nikolaus auch von einer Ordnung der Engel, die ohne (!) zeitliche Aufeinanderfolge erkennen und nur an die natürliche (wesentliche) Folge gebunden sind, sagt, sie seien ‚immerwährend' und nicht ‚ewig', um damit eine Abstufung der Teilhabe an der Ewigkeit anzudeuten.

66) Augustinus, De civitate Dei, XIV, cap. 24, 2 (MPL 432/433). Nikolaus zitiert die Stelle wörtlich mit ganz geringen Kürzungen.

67 Die Verstandesseele wird durch die Kraft des Willens allen sinnlichen Eindrücken entrückt; die sinnliche Seele ist also im Menschen kein selbständiges Vermögen, sondern auf die höhere Form der Verstandesseele hingeordnet. Die Eigen-

art der menschlichen Seele, die von der ratio bestimmt ist, bleibt unaufhebbar von der Tierseele unterschieden.

68 Vgl. Doct. ign. I, cap. 3; De venat. sap., cap. 26.

69 Aristoteles, Metaphysik, Buch XII, Kap. 7 1072 b3.

70 Die Übersetzung folgt Kr ‚stante immobili et immutabili intentione', C, a, p, haben ‚stante immobili et instabili intentione'.

71 ‚Et quid est intentio nisi conceptus seu verbum rationale...' Diese Bestimmung führt in den Gedankenkreis der vom 1. Kapitel des Johannesevangeliums inspirierten Logosspekulation, wird jedoch hier nicht weiter ausgeführt.

72 ‚formalis terminus' nach den Hss.; die Drucke a und p haben ‚finalis terminus'.

73 ‚admoveo oculos... admoveo aures... admoveo pedes...' Die Übersetzung will absichtlich den Stil unverändert lassen.

74 So nach den Hss. ‚nisi *seipsam* sciat'; es ist wohl auf ein bloß gedachtes Subjekt ‚anima' oder ‚mens' bezogen. Die Drucke haben an Stelle von ‚seipsam' nur ‚ipsam' bezogen auf ‚causa' oder ‚ratio'. Aber auf die „so sehr erwünschte Selbsterkenntnis des Geistes" kommt es ja gerade an!

76 Durch die Teilnahme an der Weißheit wird das Konkretum niemals mit der absoluten Weißheit identisch, obwohl es nur durch sie so ist wie es ist.

77 1. Joh. 3, 2.

78 Mt. 11, 25; Luk. 10, 21.

79 Aristoteles, De gener. animal. V, cap. 7 (788 a 13). Vgl. Über den Beryll, cap. 26. 79a ‚mystice'.

80 Röm. 13, 1. Das Zitat ist nicht genau, bewegt sich jedoch nahe am Sinn des Textes, der allerdings nicht von allem schlechthin, sondern von der Obrigkeit handelt.

81 ‚Duo enim medium est praecisum et aequale unius et trium et praecisa tertia totius ordinis progressionis', so lautet der Text in den Handschriften und Drucken. Ordnung und Fortschreiten sind umgrenzt von Ursprung und Ziel, die Mitte ist das dritte notwendige Bestimmungsstück. Vgl. Timaios 31 b 8.

82 Die heilige Dreifaltigkeit ist das Urbild der ganz einfachen ungeschaffenen Ordnung. Der Gedanke ist aber hier nicht theologisch, sondern philosophisch gemeint. Es handelt sich darum, das Wesen der Grundstruktur der Welt zu erfassen.

83 Die Drucke haben hier infolge eines Lesefehlers von a in C ‚quia ternaria' anstatt ‚quaternaria'.

84 ‚vigorositas.' Diese Lebenskraft stammt von der göttlichen Dreifaltigkeit. Darum ist das Ordnungsprinzip lebenzeugend und lebenerhaltend.

85 Boethius, De arithmetica I, cap. 2.

86 Vgl. der Laie über den Geist, Kap. 6.

87 Die Berufung auf Pythagoras und Platon (Timaios) bietet einen Hinweis, daß die Zahlenspekulation des Cusaners nicht von magischen Geheimlehren, sondern von mathematisch-metaphysischen Quellen gespeist ist.

88 Nikolaus spielt hier mit ‚valere' und ‚valor'; der Nebensinn, der durch den Abschiedsgruß ‚vale!' im Lateinischen mitschwingt, läßt sich im Deutschen nicht wiedergeben. „... hoc colloquium valere facito ... non incidit mihi quomodo melius quae dixi valere faciam, quam si de valore loquar.'

89 Weil alles Fortschreiten nur in der dreieinigen Ordnung von Ursprung, Mitte und Ziel geschehen kann, wird auch das Vierer-Fortschreiten mit Recht ‚dreieinig' genannt. In ihm bilden ja die beiden Mittelglieder zusammen die Mitte.

90 Was man in dieser Weise als Wahrheit *sieht,* ist kein willkürliches Gedankenspiel, sondern Wahrheit des Seins.

91 Im höchsten Wert, dem ‚Wert der Werte', sind alle Werte der Wesenheit, d. i. dem Werte nach enthalten, aber in der Vernunft ist der erkannte Wert nur ‚notionale' begrifflich, d. i. als Bewußtseinsinhalt, gleichsam gespiegelt, enthalten.

92 Diese Kraft der vernünftigen Natur ist zwar nur in Gott vollkommen wirklich; aber das bedeutet zugleich, daß alle Kraft der vernünftigen Natur auf die Erkenntnis und Unterscheidung allen Wertes ausgerichtet ist als auf ihr höchstes Ziel. Dieser Sinn ist konstitutiv für das Wesen der vernünftigen Natur.

93 Man wird wohl so interpretieren dürfen: Das wertvolle Seiende besteht als Seiendes unabhängig von der Erkenntnis. Aber der Wert ist dem Wesen nach auf Wertschätzung bezüglich — was noch nicht heißt, daß der Wert aus ihr entspringe!

94 ‚cessaret.' Auch diese Formulierung drückt nicht das Hervorgehen des Wertes aus der Wertschätzung, sondern nur seine Abhängigkeit von ihr aus. Diese Abhängigkeit ist aber tatsächlich gegenseitig: Denn auch die Umkehrung des Satzes ist wahr „Wenn kein Wert existiert, würde die Wertschätzung aufhören" — vorausgesetzt, daß man den Unwert als negative Existenzweise des Wertes erkennt. D. h. gesetzt, es gäbe nur wert-indifferentes Seiendes, so wäre Wertschätzung unmöglich.

95 Vgl. Mt. 13, 52.

96 Mt. 22, 20 u. 21.

97 ‚welches' so nach den Hss. und a; p hat statt ‚quae (i. e. facies) ‚qui' bezogen auf monetarius. Gemeint ist offenbar: Wenn das einzige Antlitz, das auf allen Münzen abgebildet ist, nicht als eben dieses Zeichen sichtbar wäre, bliebe es von uns unerkannt. Der Sohn, des Vaters Wort, durch das alle Dinge geschaffen sind, das ‚lebendige Bild', die ‚Wesensgestalt' des Vaters ist eben nur i n seiner prägenden, urbildlichen Kraft offenbar. So ist auch der *menschgewordene* Gottessohn das schlechthin vollkommene Urbild des Menschen (vgl. Doct. ign. III.).

98 Die Gleichsetzung des Namens Gottes mit dem Sohn ist das wesentliche Thema in der Auslegung der 1. Bitte des Vaterunsers von Nikolaus (Koch-Teske Nr. 11).

99 Hebr. 1, 3.

100 Hebr. 1, 2; vgl. Joh. 1, 3.

101 Das ungeprägte Kupfer *kann* Geldstück werden; es hat die Möglichkeit, Geldstück zu sein. Durch den Prägeakt wird diese Möglichkeit determiniert, bestimmt. Die hinzukommende Prägeform führt den unbestimmteren Seinsmodus in den bestimmteren, d. h. mehr geformten Seinsmodus der ‚bestimmten Möglichkeit' über.

104 Die ‚Münze, die auch Münzherr ist', soll im Gleichnis nur noch einmal die geheimnisvolle Seinsweise Gottes andeuten, welcher der Ursprung aller Gegensätze ist, die für das Seiende konstitutiv sind. Würde er nur mit dem Münzherrn verglichen, so bliebe er angewiesen auf das Metall, das er prägt. Aber auch das Metall hat von ihm das Sein; und weil er in seiner unendlichen Fülle alles Sein und alle Seinsbestimmtheit complicative (einfaltenderweise) ist, so darf er auch ‚Münze' genannt werden.

105 ‚quomodo'. Albert soll sich diese Wahrheit nicht bloß als Formel einprägen (wie am Anfang des 2. Buches), sondern er soll zugleich die Weise des Einsehens davon im Gedächtnis behalten.

LITERATURNACHWEISUNG

Die zwei Bücher vom Globus sind uns in zwei voneinander unabhängigen Handschriften erhalten: Cues 219 (138 r — 162 v) und Krakau 682 (3 r — 33 r). Die Übersetzung folgt dem aus sorgfältiger Vergleichung dieser Handschriften hergestellten Text. Am Ende des ersten und des zweiten Buches vom Globus findet sich in beiden Handschriften ein lateinisches Lobgedicht, das offensichtlich dem Freundeskreise des Cusaners entstammt. Wir haben von dem Versuch einer Übertragung Abstand genommen. Sein Text findet sich auch in den lateinischen Drucken, von denen im Folgenden die Rede ist.

Die Straßburger Inkunabel (von 1488) (a) folgt der Cueser Handschrift. Die Pariser Ausgabe der Opera Omnia von 1514 durch Joh. Faber Stapulensis (p) druckt den Straßburger Text ab und korrigiert dabei einige Druckfehler, bringt aber auch andere hinzu. Sie hat auch den Stil gelegentlich überpoliert. Die Basler Ausgabe von 1565 (b) ist ein Nachdruck der Pariser. Auf wichtige Textabweichungen wird in den Anmerkungen verwiesen.

Abbildungen des Spieles finden sich weder in den Handschriften noch in der Straßburger Inkunabel. Unserer Darstellung liegt die Figur aus der Pariser Ausgabe von 1514 zugrunde. Die Darstellung der Basler Ausgabe als eine Art Kegelspiel entbehrt der sachlichen Grundlage, sie könnte nur als Weiterentwicklung des ursprünglichen Spielgedankens aufgefaßt werden.

F. A. Scharpff: *Des Cardinals und Bischofs Nikolaus von Cusa wichtigste Schriften,* Freiburg i. Br. 1862, bringt fast den ganzen Text; er folgt aber in seiner Übersetzung der oft fehlerhaften Basler Ausgabe von 1565. Ebenso hat sich A. Buchenau in seiner Übersetzung des Globusspiels *(Nicolaus von Cues, Gespräche, Abhandlungen,* Berlin 1948) an diese Ausgabe gehalten. Das gleiche gilt von M. de Gandillac, dem Verfasser des Werkes: *La Philosophie de Nicolas de Cues,* Paris 1941, bei seiner französischen Ausgabe *Oeuvres choisies de Nicolas de Cues,* Paris 1942. Gandillac gibt auch Erläuterungen, die jedoch nicht immer sachlich begründet sind.

Von den zitierten Werken des Cusaners sind folgende in der lateinischen Ausgabe der Heidelberger Akademie erschienen:

Docta ignorantia. Hg. von E. Hoffmann und R. Klibansky, Lpz. 1932.

Idiota de mente, Hg. von L. Baur. Lpz. 1937.

De beryllo. Hg. von L. Baur. Lpz. 1940.

De coniecturis. Hg. von J. Koch, K. Bormann, u. Mitwirkung v. H. G. Senger. 1972.

Trialogus de possest. Hg. R. Steiger. 1973.

Die Predigten werden zitiert mit der Nummer des Verzeichnisses von Josef Koch: *Cusanustexte I. Predigten. 7.* Untersuchungen über Datierung, Form, Sprache und Quellen. Kritisches Verzeichnis sämtlicher Predigten. Sbb. Heidelberger Akad. 1947. Die lateinischen Predigten sind nach der Pariser Ausgabe (p) Vol. II, zitiert, ebenso

De aequalitate (Vol. II)

Das Paternoster deutsch findet man in *Cusanus-Texte I. Predigten 6: die vier Vaterunser-Predigten,* hg. von Josef Koch und Hans Teske (Sbb. Heidelberger Akad. 1940).

In der deutschen Ausgabe der Heidelberger Akademie (h) sind folgende von uns zitierte Werke erschienen (F. Meiner. Philos. Bibl.):

Über den Beryll (Lateinisch-deutsch). Hg. Karl Bormann. 1977.

Der Laie über den Geist. Hg. Martin Honecker und H. Menzel-Rogner. 1949.

Von Gottes Sehen. Hg. Elisabeth Bohnenstädt. 1944.

Dreiergespräch über das Können-Ist (Lateinisch-deutsch). Hg. Renate Steiger, 1973.

Die belehrte Unwissenheit (Lateinisch-deutsch). Buch I besorgt von H. G. Senger, 1970; Buch II besorgt von H. G. Senger, 1977; Buch III Hg. H. G. Senger. 1977.

Mutmaßungen (Lateinisch-deutsch). Hg. W. Happ und J. Koch. 1971.

Über den Ursprung (De principio). Von Maria Feigl, mit Vorwort und Erläuterungen von Josef Koch (erschienen 1949 bei F. H. Kerle, Heidelberg).

Der Nachweis der angeführten Bibelstellen folgt der Zählung der Vulgata (wichtig bei den Psalmen).

Bei der Einleitung und in den Anmerkungen wurde auf folgende Schriften verwiesen:

Aristoteles:

Kategorien mit der Einführung des Porphyrios.

Von der Seele.

1. Analytik.
Von der Entstehung der Lebewesen.
Metaphysik.
Augustinus: *Gottesstaat.*
Boethius:
De arithmetica.
Consolatio philosophiae.
Liber de causis: Die pseudoaristotelische Schrift über das reine Gute, bekannt unter dem Namen *liber de causis.* ed. Otto Bardenhewer, Freiburg 1882.
H. Denzinger et J. B. Umberg S. J.: *Enchiridion Symbolorum, definitionum et declarationum.* Freiburg 1947.
Hermetis Trismegisti Poemander. ed. Parthey. Berlin 1854.
Walter Scott: *Hermetica.* London 1924—26.
Platon:
Symposion.
Phaidros.
Theätet.
Staat.
Parmenides.
Timaios.
Plotin: *Enneaden.*
Proklos: *Parmenides-Kommentar in Procli philosophi Platonici opera IV—VI,* ed. V. Cousin, Paris 1821—27.
Pseudo-Dionysius Areopagita:
De ecclesiastica hierarchia.
De divinis nominibus.
Johannes von Salisbury:
Policraticus, ed. Webb, Oxford 1909.
Epistolae, ed. Migne, Patrologia latina T. 199.
Thierry von Chartres: *De sex dierum operibus.* ed. Hauréau, *Notices et extraits,* Paris 1893.
W. Capelle: *Die Vorsokratiker,* Leipzig 1935.
Ernst Cassirer: *Philosophie der symbolischen Formen,* Berlin 1923.
Dietrich Mahnke: *Unendliche Sphäre und Allmittelpunkt,* Halle 1937.
Siegmund Riezler: *Geschichte Baierns,* Bd. 3, Gotha 1889.
Josef Koch: *Platonismus im Mittelalter.* Kölner Universitätsreden 4.

Beim Quellennachweis und in der Angabe von Parallelstellen haben wir uns bewußt beschränkt im Hinblick auf die geplante Ausgabe des lateinischen Textes. Das Hauptanliegen der deutschen Ausgabe ist die Hilfeleistung zu sachlichem Verständnis.

Zu den in der Einführung vertretenen Gedanken über platonische Philosophie verdanken wir dem Buch von G. J. de Vries: *Het spel bij Plato,* Amsterdam 1949, wertvolle Hinweise.

Sigla

C Handschrift Cues 219.
Kr Handschrift Krakau 682.
a Straßburger Druck von 1488.
p Pariser Druck von 1514.
h Deutsche Ausgabe der Heidelberger Akademie der Wissenschaften.

Bibliographischer Nachtrag

G. von Bredow, *Das Sein der Freiheit,* Düsseldorf 1960. 75—85.

—, *Der Gedanke der singularitas in der Altersphilosophie des Nikolaus von Kues,* in: Mitteilungen und Forschungsbeiträge der Cusanus-Gesellschaft 4, 1964, 375—383.

—, *Figura mundi. Die Symbolik des Globusspiels von Nikolaus von Kues,* in: Urbild und Abglanz, Festgabe für Herbert Doms zum 80. Geburtstag, Regensburg 1972, 193—199.

W. Breidert, *Rhythmomachie und Globusspiel,* in: Mitteilungen und Forschungsbeiträge der Cusanus-Gesellschaft 10. 1973, 155—171.

G. Heinz Mohr, *Das Globusspiel des Nikolaus von Kues. Erwägungen zu einer Theologie des Spiels* (Kleine Schriften der Cusanus-Gesellschaft, Heft 8). Trier 1965.

—, *Spiel des Denkens — Spiel des Lebens. Nikolaus von Kues und sein Kugelspiel,* in: Zeitwende, Die neue Furche. Hamburg, 35, 1964, H. 12, 804—812.

R. Lazzarini, *Il De ludo globi e la concezione dell'uomo del Cusano.* Roma 1938.

VERZEICHNIS
WICHTIGER BEGRIFFE UND NAMEN
aus De ludo globi

Die großen Zahlen bezeichnen die Seiten, die kleinen die Zeilen unserer Übersetzung. Die deutschen Ausdrücke beschränken sich auf Angabe der Grundbedeutungen.
dg. = durchgehend, hg. = häufig, bh. = besonders häufig.

A. Lateinisch-deutsch

absconditus verborgen 50, 24; 83, 2.
accedere heranreichen 54, 24; 57, 18.
accidens (accidentalis, accidere) Akzidens 18, 4ff.; 30, 31ff.; 52, 10ff.; 59, 6ff.
adiutorium (aduivare) Hilfe 24,13; 69,17.
affirmative bejahend 95, 20.
aequalis (aequalitas) gleich 4, 33; 5, 33ff.; 7, 35; 16, 29; 34, 33; 49, 24; 53, 30; 57, 2ff.; 64, 34ff.; 85, 17ff. hg.; 93, 10ff.; 96, 14.
aeternus (aeternitas) ewig 13, 1ff., bh.; 29, 22; 36, 35; 40, 6ff.; 54, 19; 60, 18; 66, 10; 68, 24ff.; 80, 33.
albedo Weißheit 81, 28ff.
alteritas Andersheit 62, 14ff., hg.; 86, 11; 87, 4ff.
anima Seele dg.
anima rationalis Verstandesseele 17, 27; 52, 28; 70, 29ff.; 74, 11; 75 hg.
anima mundi Weltseele 78, 21.
apprehensio Auffassung 55, 2.
modus apprehendendi Weise des Auffassens 21, 4.
archetypus Urbild 34, 16, 33.
Aristoteles 28, 35; 78, 11; 83, 5.
ars Kunst 6, 24ff.; 22, 13; 33, 19ff.; 34, 26; 75, 13, 26; 81, 12ff.; 92, 5ff.
Augustinus 76, 8.
Bohemia Böhmen 32, 6, 19.
bonum gut 27, 32; 43, 17; 45, 2; 46, 4ff.; 70, 3; 78, 13, 35; 80, 26; 88, 19.
Caesar Kaiser 92, 25, 35.
carentia Mangel 56, 1ff.; 63, 32.
causa Ursache 4, 22; 12, 35; 22, 30ff.; 36, 23ff.; 55, 5; 60, 16; 61, 16, 27; 63, 31; 65, 24ff.; 78, 5, 32ff.; 80, 14ff.; 88, 31; 90, 3; 93, 8; 96, 15.
chaos Chaos 83, 16, 25.
cogitare nachdenken 22, 18; 23, 33ff., hg.; 39, 12; 41, 34; 56, 27; 82, 20ff.

complicare (complicatio) einfalten 28, 7; 30, 16; 37, 16ff.; 54, 20; 59, 20; 61, 25; 66, 10; 67, 16ff., hg.; 71, 15ff.; 72, 4ff., bh.; 82, 24; 88, 28; 93, 17; 94, 22; 95, 5.
compositus zusammengesetzt 7, 22ff.; 86, 2ff.
conceptus (concipere) Begriff 11, 10; 33, 19ff.; 36, 11; 63, 9ff.; 74, 22; 94, 29.
coniectura (conicere) Mutmaßung 34, 27; 45, 23.
connexio Verknüpftheit 64, 33; 65, 5.
considerare überlegen 5, 5; 6, 13; 23, 34ff., hg.; 59, 2; 67, 15; 88, 34; 94, 28.
continere enthalten (zusammenhalten) 4, 26; 6, 34; 8, 11; 10, 23; 43, 33; 49, 5, 8; 50, 2ff.; 51, 33ff.; 54, 5; 55, 15; 61, 9; 84, 23; 91, 32.
contingere (zufällig) zustande kommen 63, 30ff.
contractum (contrahere) zusammengezogen 51, 20; 94, 17, 21.
determinare bestimmen dg.; 24ff., hg.
Dionysius 28, 25.
disciplina Lehre, Wissenschaft 3, 17; 71, 4ff.; 73, 23ff.; 75, 13, 26; 80, 11.
discretio (discernere) Unterscheidung 59, 10ff.; 61, 3ff., hg.; 70, 18ff.; 72, 29ff.; 81, 3ff.; 84, 22ff.; 87, 30ff.; 91, 22ff.
diversus (diversitas) verschieden 4, 18; 6, 8; 8, 14; 42, 18ff.; 87, 32.
doctrina Lehre 23, 4; 37, 34.
duratio Dauer 14, 27.
elementum Element 83, 16, 25.
ens rationis Gedankenwesen 63, 11.
ens reale real Seiendes 63, 12; 89, 32, 34.
entitas Seinsheit 62, 15ff., hg.; 68, 13ff.; 72, 3ff.; 89, 13; 93, 9ff.
esse ipsum Sein selbst 50, 35ff.; 52, 3; 89, 10.
essentia Wesenheit 19, 32; 26, 11; 53, 25; 64, 4, 7; 66, 19; 81, 25, 29; 85, 30, 32; 87, 6; 89, 30ff.
evolutio (evolvere) Entwicklung 8, 19; 37, 18ff.
exemplar Vorbild 13, 1; 36, 24ff.; 48, 11ff., bh.; 53, 11; 60, 8; 62, 35; 78, 27; 85, 14; 93, 8.
exemplatum Abbild 48, 20ff., bh.; 53, 12.
existere existieren 50, 31ff.; 53, 28; 68, 12, 35; 73, 34; 88, 28; 89, 13; 91, 4.
explicare (explicatio) entfalten 8, 20; 30, 18; 37, 21; 44, 17; 59, 25; 67, 19; 71, 27; 73, 7ff.; 82, 27.
extremitas das Äußerste 7, 13ff.
figura (figurare) Gestalt, Darstellung 3, 11; 4, 9; 7, 8; 15, 35;

30, 15; 53, 17ff.; 54, 25; 57, 21ff.; 59, 27; 61, 10ff., hg.; 73, 13; 82, 32; 94, 3.
figura substantiae Wesensgestalt 93, 1ff.
filiatio Dei Gotteskindschaft 55, 23.
finis (siehe auch bei *principium)* Ziel 13, 3; 58, 27.
finibilis (infinibilis) beendbar 13, 29; 53, 22; 75, 8.
forma Form dg.
forma exemplaris Vorbildform 53, 11.
forma essendi Seinsform 72, 17.
gradus Stufe 55, 27; 56, 19; 58, 11; 59, 33.
genus Gattung 59, 24; 61, 14.
hypostasis (hypostatica) Person 58, 27; 65, 12; 86, 9.
idem (identitas) dasselbe 8, 32; 13, 7ff.; 15, 13; 20, 30; 22, 22; 29, 18; 39, 3; 53, 30; 56, 31; 57, 9ff.; 64, 19; 72, 13ff.; 85, 30; 87, 31; 96, 12.
imago Bild 9, 12, 15; 10, 26ff.; 31, 33; 34, 6; 37, 4ff.; 69, 3ff.; 92, 20ff.; 94, 4; 96, 7ff.
imaginatio (imaginativus) Vorstellung 20, 30ff.; 51, 25ff.; 69, 17ff.; 79, 35; 83, 18, 30.
imitari nachahmen 6, 25; 61, 3.
immutabilis unveränderlich 11, 27; 22, 5ff.
impetus Anstoß 17, 14; 18, 6; 19, 16; 42, 19.
impulsus (impellere) Antrieb 5, 9ff.; 27, 13, 19; 41, 27; 45, 30.
individuum unteilig 22, 26.
indivisibilis unteilbar 7, 13ff.; 11, 28; 19, 17; 66, 9ff.; 87, 19.
infinitus (infinitas) unendlich 12, 22; 25, 24; 39, 5; 49, 17; 54, 14; 56, 20; 58, 7; 78, 29; 89, 17, 19; 92, 1, 6; 94, 6ff.; 95, 18.
initium Anfang 10, 7, 10; 14, 13, 21; 66, 11, 15.
intellectus (intellectualis) Vernunft 18, 16ff.; 19, 34; 29, 8; 32, 12; 55, 2, 33ff.; 59, 35; 70, 13; 82, 7; 90, 2ff.; 94, 30ff.
intelligentia (intelligentialis) Einsicht 3, 35; 20, 31ff.; 26, 33; 50, 24; 56, 17; 59, 30ff.
intelligibilis einsichtig 52, 1ff.; 60, 6; 70, 12; 82, 20; 95, 2ff.
intellectibilis geistig schauend 60, 29; 80, 15; 83, 21; 84, 1.
intellectivus vernunfthaft 19, 33ff.; 25, 13, 20; 28, 9ff.; 32, 17; 95, 5.
intentio Absicht 78, 18ff.; 79 bh.
intuitus Schau 60, 7.
invenire erfinden 22, 14; 23, 34; 24, 3; 26, 22; 38, 12; 73, 23ff.
lex Gesetz 26, 35ff.; 39, 16.
lex ludi Spielregel 38, 23.
liber frei 15, 18; 24, 16f.; 26, 21ff.; 32, 34; 33, 18; 43, 32; 44, 32.

maius et minus mehr und minder 11, 21ff.; 37, 15; 50, 14ff.; 54, 3; 77, 14.
maximum actu das wirklich Größte 12, 28; 14, 5.
maximum simpliciter das schlechthin Größte 11, 21.
malum schlecht 27, 33; 43, 16ff.; 45, 2; 64, 1; 70, 4; 90, 19.
materia Materie 9, 11ff.; 20, 21; 33, 28ff.; 63, 31; 74, 22; 92, 11; 93, 31ff.; 95, 19; 96, 20ff.
meditatio Meditation 3, 23.
medium Mitte dg., Stoff, Medium 5, 28; 6, 19.
mens Geist 3, 29; 11, 11; 19, 1; 33, 15ff.; 35, 30ff.; 48, 3ff.; 52, 1; 56, 27, 32; 62, 30ff.; 67, 11, 25; 69, 11ff.; 74, 6, 21; 87, 27ff.; 89, 24ff.; 91, 7.
Mercurius 10, 19.
microcosmus Mikrokosmos 30, 7; 84, 17.
modus essendi Seinsweise 35, 11; 36, 21; 92, 10ff.; 94, 17, 22; 95, 21.
monetarius Münzherr 91, 13ff.
mysterium (mystice, mysticatio) Geheimnis 3, 16; 41, 20; 46, 13; 47, 15, 17; 48, 7; 69, 35.
necessitas Notwendigkeit 30, 16; 44, 13; 94, 12ff.
negative negativ 95, 12, 17.
nexus Verknüpfung 64, 25, 28; 65, 9ff.; 66, 1, 21.
nihil nichts 7, 29; 36, 1ff.
notitia Kenntnis, Kennzeichen 3, 33; 53, 24; 92, 26, 31.
notionalis begrifflich 62, 33ff.
numerus Zahl 49, 34ff.; 56, 12; 59, 10ff.; 61, 18; 70, 17ff.; 73, 7f.; 87, 1ff., hg.
nummularius Wechsler 91, 14ff.
nunc jetzt 54, 13; 72, 33; 73, 17.
obiectum Gegenstand 63, 8; 80, 7.
occultari verborgen sein 82, 23ff.; 83, 3, 12; 88, 32.
omnia et singula alle und jedes 21, 28; 58, 9; 65, 19; 89, 26.
omnia simul alles zugleich 60, 10ff.
opportunitas Gelegenheit 63, 33.
ordo Ordnung 85, 5ff., hg.
par (impar) gerade 87, 2ff.
participare (participatio, participabilis) teilhaben 12, 1, 24; 13, 20; 17, 5; 19, 27; 81, 27f.
Paulus 14, 12.
perpetuus (perpetuitas) immerwährend 13, 30; 16, 32; 19, 5; 21, 32; 22, 4; 25, 9; 28, 26f.; 29, 24ff.; 53, 21ff.; 60, 29; 75, 9; 78, 9; 80, 26.

personalis personal 58, 22.
phantasma Vorstellung 69, 20, 22.
Plato (Platonici) 9, 18; 17, 26; 44, 10, 23; 88, 9.
posse facere Machenkönnen 15, 2ff.
posse fieri Werdenkönnen 15, 4ff.; 35, 1ff.; 37, 23; 78, 29.
possibilitas Möglichkeit 11, 5; 33, 27ff.; 63, 33; 93, 33ff.; 95, 19.
possibilitas determinata bestimmte Möglichkeit 37, 25; 94, 25.
potentia Vermögen 34, 18; 83, 9; 91, 19, 29.
praecise genau 6, 5; 7, 35; 16, 10ff.; 42, 5; 85, 23ff.; 95, 33; 97, 7.
praedicamentum Kategorie 74, 1.
principium Ursprung 5, 14; 13, 3; 43, 15; 49, 30; 71, 25; 83, 5.
principium, medium et finis 66, 8ff.; 85, 7ff.
privatio Beraubung 63, 32.
progressio Fortschreiten 61, 26ff.; 84, 5, 20ff.; 86, 14ff.; 88, 35.
proportio (proportionare) Proportion 71, 7ff.; 87, 9, 13; 91, 4.
punctus Punkt 7, 13ff.; 37, 17ff.; 66, 26ff.; 72, 27; 73, 9, 12; 95, 15.
Pythagoras 88, 5.
quantum Quantum 51, 29ff.; 66, 26ff.
quaternarius Vierer 61, 26ff.; 84, 24ff.; 86, 16ff.; 87, 5ff.
quidditas Washeit 59, 16; 93, 21.
quies Ruhe 57, 14; 72, 30ff.; 73, 15.
ratio Verstand, Grund 20, 31; 22, 5ff.; 26, 32ff.; 62, 8; 70, 30ff.; 71, 20; 74, 12, 27; 75, 15ff., bh.; 80, 13ff.; 84, 20; 86, 29f.; 87, 29.
viva ratio lebendiges Denken 24, 5; 36, 9; 54, 27; 80, 25.
ratio rerum Grund 61, 27.
rationalis Verstandes-, gedanklich 22, 10f.; 24 hg.; 60, 32; 83, 19, 34; siehe auch *anima.*
rationabilis denkend, vernünftig 26, 20; 58, 22; 88, 8.
ratiocinari schlußfolgern 22, 3ff.; 69, 24; 70, 31ff.
regula doctae ignorantiae Regel der belehrten Unwissenheit 77, 13.
relucere widerscheinen 25, 25; 31, 14ff.; 33, 10.
repraesentare darstellen 3, 18.
Restitutus 76, 9, 12.
sapientia Weisheit 23, 33; 54, 34ff.
scientia Wissenschaft 3, 12, 29; 22, 13; 52, 33; 54, 35ff.; 70, 8; 75, 13, 26; 78, 34; 80, 11ff.; 82, 13, 17; 88, 5; 91, 23.
sensus (sensualitas, sensibilis, sensitivus) Sinn 10, 31; 20, 29ff.; 22, 19; 28, 2ff.; 52, 9, 17; 56, 8ff.; 70, 34ff.; 74, 22; 75, 32ff.; 79, 32ff.; 83, 18, 29.

signum Zeichen 92, 20; 93, 6, 20ff., bh.; 96, 7ff.
signatum Gezeichnetes 93, 19ff., hg.
similitudo Gleichnis 6, 24; 17, 9; 19, 13, 22; 22, 17ff.; 23, 13, 22; 31, 9; 34, 5, 25; 91, 30; 92, 22, 30.
simplicitas Einfachheit 67, 28ff.; 73, 2, 4; 82, 23.
tota simul ganz zugleich 69, 2; siehe auch *omnia simul.*
Socrates 44, 23.
spiritus (spiritalis) Geist 17, 11ff.; 19, 9; 25, 34; 26, 2, 28; 27, 12ff.; 40, 31ff.; 70, 3, 5; 83, 7; 84, 15.
spiritus rationalis vernünftiger Geist 24, 9, 33; 80, 28.
subiectum Träger 37, 10; 52, 19, 23.
substantia (substantialis) Substanz 18, 20ff.; 28, 4ff.; 52, 10ff.; 59, 5ff.; siehe auch bei *figura.*
temperamentum (temperatio) Zusammenstimmung 24, 22ff.
tempus Zeit 14, 17ff.; 68, 34ff.; 72, 33f.; 73, 17ff., hg.
trinus dreifaltig 65, 25ff.; 84, 33.
unitas Einheit 26, 5ff.; 31, 34; 49, 19ff.; 59, 20; 64, 29ff.; 67, 20; 71, 35ff.; 87, 4, 19; 93, 9ff.
unitrinus dreieinig 25, 20ff.; 88, 34.
universitas Gesamtheit 11, 6.
universum All 30, 10; 31, 8ff.; 43, 33; 65, 14.
valor Wert 88, 13ff., hg.; 89 hg.; 90 hg.
varius (variatio, varietas, variabilitas) verschiedenartig 5, 3ff.; 6, 8ff.; 16, 24, 27; 29, 28f.; 31, 35; 35, 21; 37, 10; 41, 24; 56, 29ff.; 64, 15ff.; 96, 27ff.
vegetativus Wachstums- 28, 3ff.; 83, 17, 28.
verbum rationale Wort des Wesensgrundes 78, 27.
verum (veritas) wahr 9, 4ff.; 11, 11ff.; 23, 17ff.; 34, 4, 6; 41, 3; 48, 13; 49, 6; 50, 30; 55, 17ff.; 63, 4, 7; 69, 16ff.; 82, 14ff.; 89, 20; 93, 13; 94, 3; 96, 24ff.
videre sehen dg.; bh. im 2. Buche.
visio Schau 50, 29; 55, 27; 56, 8, 10; 59, 32.
virtus (vis) Kraft dg.; 20ff.; 28, 3ff., bh.; 62, 34ff.; 67, 29ff.; 70, 25ff.; 80, 12ff.; 82, 23ff.; 83 hg.
virtus Tugend 43, 19; 44, 33; 45, 14; 46, 1.
vivificare lebendig machen 17, 29; 18, 11ff.; 21, 13ff.; 30, 24.

B. Deutsch-lateinisch

Abbild *exemplatum* 48, 20ff., bh.; 53, 12.
Absicht *intentio* 78, 18ff.; 79 bh.
Akzidens *accidens* 18, 4ff.; 30, 31ff.; 52, 10ff.; 59, 6ff.
All *universum* 30, 10; 31, 8ff.; 43, 33; 65, 14.

alle und jedes *omnia et singula* 21, 28; 58, 9; 65, 19; 89, 26.
alles zugleich *omnia simul* 60, 10ff.
Andersheit *alteritas* 62, 14ff., hg.; 86, 11; 87, 4ff.
Anfang *initium* 10, 7, 10; 14, 13, 21; 66, 11, 15.
Anstoß *impetus* 17, 4; 18, 6; 19, 16; 42, 19.
Antrieb *impulsus* 5, 9ff.; 27, 13, 19; 41, 27; 45, 30.
Aristoteles 28, 35; 78, 11; 83, 5.
Auffassung *apprehensio* 21, 4; 55, 2.
Augustinus 76, 8.
beendbar *finibilis* 13, 29; 53, 22; 75, 8.
Begriff *conceptus* 11, 10; 33, 19ff.; 36, 11; 63, 9ff.; 74, 22; 94, 29.
begrifflich *notionalis* 62, 33ff.
bejahend *affirmative* 95, 20.
Beraubung *privatio* 63, 32.
bestimmen *determinare* dg.; 24ff., hg.
Bild *imago* 9, 12, 15; 10, 26ff.; 31, 33; 34, 6; 37, 4ff.; 69, 3ff.; 92, 20ff.; 94, 4; 96, 7ff.
Böhmen *Bohemia* 32, 6, 19.
Chaos *chaos* 83, 16, 25.
Darstellung siehe unter Gestalt.
darstellen *repraesentare* 3, 18.
Dauer *duratio* 14, 27.
denkend (vernünftig) *rationabilis* 26, 20; 58, 22; 88, 8; siehe auch unter Verstandes-.
Dionysius 28, 25.
dreieinig *unitrinus* 25, 20ff.; 88, 34.
dreifaltig *trinus* 65, 25ff.; 84, 33.
Einfachheit *simplicitas* 67, 28ff.; 73, 2, 4; 82, 23.
einfalten *complicare* 28, 7; 30, 16; 37, 16ff.; 54, 20; 59, 20; 61, 25; 66, 10; 67, 16ff., hg.; 71, 15ff.; 72, 4ff., bh.; 82, 24; 88, 28; 93, 17; 94, 22; 95, 5.
eingeschänkt siehe zusammengezogen.
Einheit *unitas* 26, 5ff.; 31, 34; 49, 19ff.; 59, 20; 64, 29ff.; 67, 20; 71, 35ff.; 87, 4, 19; 93, 9ff.
Einsicht *intelligentia* 3, 35; 20, 31ff.; 26, 33; 50, 24; 56, 17; 59, 30ff.
einsichtig *intelligibilis* 52, 1ff.; 60, 6; 70, 12; 82, 20; 95, 2ff.
Element *elementum* 83, 16, 25.
Ende siehe Ziel.
entfalten *explicare* 8, 20; 30, 18; 37, 21; 44, 17; 59, 25; 67, 19; 71, 27; 73, 7ff.; 82, 27.

enthalten *continere* 4, 26; 6, 34; 8, 11; 10, 23; 43, 33; 49, 5, 8; 50, 2ff.; 51, 33ff.; 54, 5; 55, 15; 61, 9; 84, 23; 91, 32.
Entwicklung *evolutio* 8, 19; 37, 18ff.
Entwurf *conceptus* siehe Begriff.
erfinden *invenire* 22, 14; 23, 34; 24, 3; 26, 22; 38, 12; 73, 23ff.
ewig *aeternus* 13, 1ff., bh.; 29, 22; 36, 35; 40, 6ff.; 54, 19; 60, 18; 66, 10; 68, 24ff.; 80, 33.
existieren *existere* 50, 31ff.; 53, 28; 68, 12, 35; 73, 34; 88, 28; 89, 13; 91, 4.
Form *forma* dg.
Fortschreiten *progressio* 61, 26ff.; 84, 5, 20ff.; 86, 14ff.; 88, 35.
frei *liber* 15, 18; 24, 16f.; 26, 21ff.; 32, 34; 33, 18; 43, 32; 44, 32.
Gattung *genus* 59, 24; 61, 14.
Gedanke *ratio*, siehe Verstand.
gedanklich siehe Verstandes-.
Gedankenwesen *ens rationis* 63, 11.
Gegenstand *obiectum* 63, 8; 80, 7.
Geheimnis *mysterium* 3, 16; 41, 20; 46, 13; 47, 15, 17; 48, 7; 69, 35.
Geist *mens* 3, 29; 11, 11; 19, 1; 33, 15ff.; 35, 30ff.; 48, 3ff.; 52, 1; 56, 27, 32; 62, 30ff.; 67, 11, 25; 69, 11ff.; 74, 6, 21; 87, 27ff.; 89, 24ff.; 91, 7.
Geist *spiritus* 17, 11ff.; 19, 9; 25, 34; 26, 2, 28; 27, 12ff.; 40, 31ff.; 70, 3, 5; 83, 7; 84, 15.
geistig schauend *intellectibilis* 60, 29; 80, 15; 83, 21; 84, 1.
Gelegenheit *opportunitas* 63, 33.
genau *praecise* 6, 5; 7, 35; 16, 10ff.; 42, 5; 85, 23ff.; 95, 33; 97, 7.
gerade *par* 87, 2ff.
Gesamtheit *universitas* 11, 6.
Gesetz *lex* 26, 35ff.; 39, 16.
Gestalt, Darstellung *figura, figuratio* 3, 11; 4, 9; 7, 8; 15, 35; 30, 15; 53, 17ff.; 54, 25; 57, 21ff.; 59, 27; 61, 10ff., hg.; 73, 13; 82, 32; 94, 3.
Gezeichnetes *signatum* 93, 19ff., hg.
gleich *aequalis* 4, 33; 5, 33ff.; 7, 35; 16, 29; 34, 33; 49, 24; 53, 30; 57, 2ff.; 64, 34ff.; 85, 17ff., hg.; 93, 10ff.; 96, 14.
Gleichnis *similitudo* 6, 24; 17, 9; 19, 13, 22; 22, 17ff.; 23, 13, 22; 31, 9; 34, 5, 25; 91, 30; 92, 22, 30.
Gotteskindschaft *filiatio Dei* 55, 23.
das schlechthin Größte *maximum simpliciter* 11, 21.
das wirklich Größte *maximum actu* 12, 28; 14, 5.

Grund *ratio rerum* 61, 27; siehe auch bei Verstand.
heranreichen *accedere* 54, 24; 57, 18.
Hilfe *adiutorium* 24, 13; 69, 17.
immerwährend, unaufhörlich *perpetuus* 13, 30; 16, 32; 19, 5; 21, 32; 22, 4; 25, 9; 28, 26f.; 29, 24ff.; 53, 21ff.; 60, 29; 75, 9; 78, 9; 80, 26.
jetzt *nunc* 54, 13; 72, 33; 73, 17.
Kaiser *Caesar* 92, 25, 35.
Kategorie *praedicamentum* 74, 1.
Kenntnis, Kennzeichen *notitia* 3, 33; 53, 24; 92, 26, 31.
Kraft *virtus (vis)* dg.; 20ff.; 28, 3ff., bh.; 62, 34ff.; 67, 29ff.; 70, 25ff.; 80, 12ff.; 82, 23ff.; 83 hg.
Kunst *ars* 6, 24ff.; 22, 13; 33, 19ff.; 34, 26; 75, 13, 26; 81, 12ff.; 92, 5ff.
lebendig machen *vivificare* 17, 29; 18, 11ff.; 21, 13ff.; 30, 24.
Lehre *disciplina* 3, 17; 71, 4ff.; 73, 23ff.; 75, 13, 26; 80, 11; *doctrina* 23, 4; 37, 34.
Machenkönnen *posse facere* 15, 2ff.
Mangel *carentia* 56, 1ff.; 63, 32.
Materie *materia* 9, 11ff.; 20, 21; 33, 28ff.; 63, 31; 74, 22; 92, 11; 93, 31ff.; 95, 19; 96, 20ff.
Meditation *meditatio* 3, 23.
mehr und minder *maius et minus* 11, 21ff.; 37, 15; 50, 14ff.; 54, 3; 77, 14.
Mercurius 10, 19.
Mikrokosmos *microcosmus* 30, 7; 84, 17.
Möglichkeit *possibilitas* 11, 5; 33, 27ff.; 37, 25; 63, 33; 93, 33ff.; 94, 25; 95, 19.
Münzherr *monetarius* 91, 13ff.
Mutmaßung *coniectura* 34, 27; 45, 23.
nachahmen *imitari* 6, 25; 61, 3.
nachdenken *cogitare* 22, 18; 23, 33ff., hg.; 39, 12; 41, 34; 56, 27; 82, 20ff.
negativ *negative* 95, 12, 17.
nichts *nihil* 7, 29; 36, 1ff.
Notwendigkeit *necessitas* 30, 16; 44, 13; 94, 12ff.
Ordnung *ordo* 85, 5ff., hg.
Paulus 14, 12.
Person *hypostasis* 58, 27; 65, 12; 86, 9; personal *personalis* 58, 22.
Platon, Platoniker 9, 18; 17, 26; 44, 10, 23; 88, 9.
Proportion *proportio* 71, 7ff.; 87, 9, 13; 91, 4.

Punkt *punctus* 7, 13ff.; 37, 17ff.; 66, 26ff.; 72, 27; 73, 9, 12; 95, 15.
Pythagoras 88, 5.
Quantum, größenhaft *quantum* 51, 29ff.; 66, 26ff.
real Seiendes *ens reale* 63, 12; 89, 32, 34.
Regel der belehrten Unwissenheit *regula doctae ignorantiae* 77, 13.
Restitutus 76, 9, 12.
Ruhe *quies* 57, 14; 72, 30ff.; 73, 15.
Schau *visio* 50, 29; 55, 27; 56, 8, 10; 59, 32; *intuitus* 60, 7.
schlecht *malum* 27, 33; 43, 16ff.; 45, 2; 64, 1; 70, 4; 90, 19.
schlußfolgern *ratiocinari* 22, 3ff.; 69, 24; 70, 31ff.
Seele *anima* dg.
Sehen *videre* dg.; bh. im 2. Buch.
Sein selbst *esse ipsum* 50, 35ff.; 52, 3; 89, 10.
Seinsform *forma essendi* 72, 17.
Seinsheit *entitas* 62, 15ff., hg.; 68, 13ff.; 72, 3ff.; 89, 13; 93, 9ff.
Seinsweise *modus essendi* 35, 11; 36, 21; 92. 10ff.; 94, 17, 22; 95, 21.
das Selbe *idem* 8, 32; 13,7ff.; 15, 13; 20, 30; 22, 22; 29, 18; 39, 3; 51, 9ff.; 53, 30; 56, 31; 64, 19; 72, 13ff.; 85, 30; 87, 31; 96, 12.
Sinn *sensus* 10, 31; 20, 29ff.; 22, 19; 28, 2ff.; 52, 9, 17; 56, 8ff.; 70, 34ff.; 74, 22; 75, 32ff.; 79, 32ff.; 83, 18, 29.
Sokrates 44, 23.
Spielregel *lex ludi* 38, 23.
Stufe *gradus* 55, 27; 56, 19; 58, 11; 59, 33.
Substanz *substantia* 18, 20ff.; 28, 4ff.; 52, 10ff.; 59, 5ff.
teilhaben *participare* 12, 1, 24; 13, 20; 17, 5; 19, 27; 81, 27f.
Träger *subiectum* 37, 10; 52, 19, 23.
Tugend *virtus* 43, 19; 44, 13; 45, 14; 46, 1.
überlegen *considerare* 5, 5; 6, 13; 23, 34ff., hg.; 59, 2; 67, 15; 88, 34; 94, 28.
unendlich *infinitus* 12, 22; 25, 24; 39, 5; 49, 17; 54, 14; 56, 20; 58, 7; 78, 29; 89, 17, 19; 92, 1, 6; 94, 6ff.; 95, 18.
unteilbar *indivisibilis* 7, 13ff.; 11, 28; 19, 17; 66, 9ff.; 87, 19.
unteilig *individuum* 22, 26.
Unterscheidung *discretio* 59, 10ff.; 61, 3ff., hg.; 70, 18ff.; 72, 29ff.; 81, 3ff.; 84, 22ff.; 87, 30ff.; 91, 22ff.
unveränderlich *immutabilis* 11, 27; 22, 5ff.
Urbild *archetypus* 34, 16, 33.

Ursache *causa* 4, 22; 12, 35; 22, 30ff.; 36, 23ff.; 55, 5; 60, 16; 61, 16, 27; 63, 31; 65, 24ff.; 78, 5, 32ff.; 80, 14ff.; 88, 31; 90, 3; 93, 8; 96, 15.
Ursprung *principium* 5, 14; 13, 3; 43, 15; 49, 30; 71, 25; 83, 5. Ursprung, Mitte und Ende 66, 8ff.; 85, 7ff.
verborgen *absconditus* 50, 24; 83, 2.
verborgen sein *occultari* 82, 23ff.; 83, 3, 12; 88, 32.
Verhältnis siehe Proportion.
Verknüpftheit *connexio* 64, 33; 65, 5.
Verknüpfung *nexus* 64, 25, 28; 65, 9ff.; 66, 1, 21.
Vermögen *potentia* 34, 18; 83, 9; 91, 19, 29.
Vernunft, vernünftig *intellectus, intellectualis* 18, 16ff.; 19, 34; 29, 8; 32, 12; 55, 2, 33ff.; 59, 35; 70, 13; 82, 7; 90, 2ff.; 94, 30ff.
vernünftiger Geist *spiritus rationalis* 24, 9, 33; 80, 28.
vernunfthaft *intellectivus* 19, 33ff.; 25, 13, 20; 28, 9ff.; 32, 17; 95, 5.
verschieden *diversus* 4, 18; 6, 8; 8, 14; 42, 18ff.; 87, 32.
verschiedenartig *varius* 5, 3ff.; 6, 8ff.; 16, 24, 27; 29, 28f.; 31, 35; 35, 21; 37, 10; 41, 24; 56, 29ff.; 64, 15ff.; 96, 27ff.
Verstand, Grund *ratio* 20, 31ff.; 22, 5ff.; 26, 32ff.; 62, 8; 70, 30ff.; 71, 20; 74, 12, 27; 75, 15ff., bh.; 80, 13ff.; 84, 20; 86, 29f.; 87, 29.
Verstandes- *rationalis* 22, 10f.; 24 hg.; 60, 32; 83, 19, 34.
Verstandesseele *anima rationalis* 17, 27; 52, 28; 70, 29ff.; 74, 11; 75 hg.
Vierer *quaternarius* 61, 26ff.; 84, 24ff.; 86, 16ff.; 87, 5ff.
Vorbild *exemplar* 13, 1; 36, 24ff.; 48, 11ff., bh.; 53, 11; 60, 8; 62, 35; 78, 27; 85, 14; 93, 8.
Vorbildform *forma exemplaris* 53, 11.
Vorstellung *imaginatio* 20, 30ff.; 51, 25ff.; 69, 17ff.; 79, 35; 83, 18, 30; *phantasma* 69, 20, 22.
Wachstums- *vegetativus* 28, 3ff.; 83, 17, 28.
wahr *verum* 9, 4ff.; 11, 11ff.; 23, 17ff.; 34, 4, 6; 41, 3; 48, 13; 49, 6; 50, 30; 55, 17ff.; 63, 4, 7; 69, 16ff.; 82, 14ff.; 89, 20; 93, 13; 94, 3; 96, 24ff.
Washeit *quidditas* 59, 16; 93, 21.
Wechsler *nummularius* 91, 14ff.
Weisheit *sapientia* 23, 33; 54, 34ff.
Weißheit *albedo* 81, 28ff.
Weltseele *anima mundi* 78, 21.

Werdenkönnen *posse fieri* 13, 4ff.; 33, 1ff.; 37, 23; 78, 29.
Wert *valor* 88, 13ff., hg.; 89 hg.; 90 hg.
Wesenheit *essentia* 19, 32; 26, 11; 53, 25; 64, 4. 7; 66, 19; 81, 25, 29; 85, 30, 32; 87, 6; 89, 30ff.
Wesensgestalt *figura substantiae* 93, 1ff.
widerscheinen *relucere* 23, 25; 31, 14ff.; 33, 10.
Wissenschaft *scientia* 3, 12, 29; 22, 13; 52, 33; 54, 35ff.; 70, 8; 75, 13, 26; 78, 34; 80, 11ff.; 82, 13, 17; 88, 5; 91, 23; siehe auch Lehre.
Wort des Wesensgrundes *verbum rationale* 78, 27.
Zahl *numerus* 49, 34ff.; 56, 12; 59, 10ff.; 61, 18; 70, 17ff.; 73, 7f.; 87, 1ff., hg.
Zeichen *signum* 92, 20; 93, 6, 20ff., bh.; 96, 7ff.
Zeit *tempus* 14, 17ff.; 68, 34ff.; 72, 33f.; 73, 17ff., hg.
Ziel *finis* 13, 3; 58, 27.
ganz zugleich *tota simul* 69, 2; siehe auch alles zugleich.
zufällig zustande kommen *contingere* 63, 30ff.
zusammengesetzt *compositus* 7, 22ff.; 86, 2ff.
zusammengezogen *contractum* 51, 20; 94, 17, 21.
zusammenhalten *continere* siehe enthalten.
Zusammenstimmung *temperamentum* 24, 22ff.

NICOLAI DE CUSA OPERA OMNIA

Iussu et auctoritate Academiae litterarum Heidelbergensis
ad codicum fidem edita

Vol. III. **De coniecturis.** Ediderunt Iosephus Koch † et Carolus Bormann, Ioanne Gerhardo Senger comite. 1972. XXXIX, 255 S. und 1 Tafel. Kart. 240,—

Vol. IV. **Opuscula I.** De deo abscondito; De quaerendo deum; De filiatione dei; De dato patris luminum; Coniectura de ultimis diebus; De genesi. Edidit Paul Wilpert. 1959. LVI, 149 Seiten. Kart. 110,—

Vol. VII. **De pace fidei.** Cum epistula ad Ioannem de Segobia. Ediderunt commentariisque illustraverunt Raymundus Klibansky et Hildebrandus Bascour OSB. Editio altera. 1970. LVIII, 136 Seiten. Kart. 108,—

Vol. XI,2. **Trialogus de possest.** Edidit Renate Steiger. 1973. XV, 109 Seiten. Kart. 118,—

Vol. XI/3. **Compendium.** Edidit Bruno Decker, cuius post mortem curavit Carolus Bormann. 1964. XII, 46 Seiten. Kart. 46,—

Vol. XIV/1. **De concordantia catholica. Liber primus.** Aus den Quellen neubearbeitete, zweite Auflage mit Praefatio editoris sowie 12 Kunstdrucktafeln. Edidit atque emendavit Gerhardus Kallen. 1964. Pag. XXXIX, 1—90. Kart. 92,—

Vol. XIV/2. **De concordantia catholica. Liber secundus.** Völlig neubearbeitete, zweite Auflage. Edidit Gerhardus Kallen. 1965. Pag. 91—309. Kart. 132,—

Vol. XIV/3. **De concordantia catholica. Liber tertius.** Edidit Gerhardus Kallen. Pag. 311—474. Neuauflage in Vorbereitung

Vol. XIV/4. **Indices** für 1—3. Ediderunt Gerhardus Kallen et Anna Berger. 1968. VI, Pag. 475—544. Kart. 62,—

Vol. XVI/1. **Sermones I. Fasc. 1** (Sermones 1—4). Ed. Rudolf Haubst, Martin Bodewig et Werner Krämer comitibus. 1970. 72 und 4 Seiten. Kart. 64,—

Vol. XVI/2. **Sermones I. Fasc.** 2 (Sermones 5—10). Ed. Rudolf Haubst, Martin Bodewig et Werner Krämer comitibus. 1973. S. 73—220 + 4. Kart. 174,—

Vol. XVI,3. **Sermones I. Fasc.** 3 (Sermones 11—21) a Rudolf Haubst instituti societatis Cusaneae praeside et Martin Bodewig editi. 1977. S. 221—331+4. Kart. 136,—

ACTA CUSANA. **Quellen zur Lebensgeschichte des Nikolaus von Kues.** Bd. I, 1. Faszikel: 1401—1437 Mai 17. Hrsg. von Erich Meuthen. 1976. XVI, 199 Seiten. Kart. 180,—

FELIX MEINER VERLAG